通俗哲学简编

修订版

陈昌曙 著

辽宁人民出版社

© 陈昌曙 2025

图书在版编目（CIP）数据

通俗哲学简编 / 陈昌曙著． -- 修订版． -- 沈阳：
辽宁人民出版社，2025.4． -- ISBN 978-7-205-11491-6

Ⅰ．B-49

中国国家版本馆CIP数据核字第2025C6U146号

出版发行：辽宁人民出版社
　　　　　地址：沈阳市和平区十一纬路25号　邮编：110003
　　　　　电话：024-23284325（邮　购）　024-23284300（发行部）
　　　　　http://www.lnpph.com.cn
印　　刷：辽宁新华印务有限公司
幅面尺寸：160mm×230mm
印　　张：16
字　　数：200千字
出版时间：2025年4月第1版
印刷时间：2025年4月第1次印刷
责任编辑：祁雪芬
封面设计：刘萍萍
版式设计：徐春迎
责任校对：吴艳杰
书　　号：ISBN 978-7-205-11491-6

定　　价：65.00元

自序
哲学通俗化的断想

把一门学科通俗化是困难的，把数理性强和哲理性强的学科通俗化就更加困难。现在，各门学科的书籍多得不可胜数，但在书店、图书馆里，很难找到像《通俗拓扑学》《通俗微分几何》或《通俗量子力学》《通俗岩石力学》这样的书，在哲学类图书中也较难看到《通俗胡塞尔哲学》《通俗海德格尔哲学》或《通俗现象学》，也较难找到《通俗辩证唯物主义》，好在有韩树英主编的《通俗哲学》（中国青年出版社，1982年），艾思奇在新中国成立前写的《大众哲学》也重新出版（人民出版社，2009年），但应该说还是太少了。这个《简编》参考了《通俗哲学》和《大众哲学》，谨在此说明和致谢。

哲学通俗化终究是必要的。一种理论（包括哲学）要在生活中起作用，不仅要求它在内容上正确、适应时代要求，还需要人们掌握它，如果一种理论正确、合理、高深，但假如没有一个人能懂，这种理论再正确也不会成为物质的力量。辩证唯物主义哲学可能正面临着这样的情况，没有人能说辩证唯物主义有哪点不正确，即使教育部把辩证唯物主义列入大学课程，一些学生仍然不容易理解它、掌握它，对一般老百姓而言，哲学更是神秘难懂的东西。我去美国时曾有人问我从事什么职业,当我回答我搞哲学时,发问人通常会善意地发笑,意思是你从事了困难、深奥的职业。国人通常则回应说:"哲学可不好搞,太玄乎。"我国社会普遍地轻视理论,最轻视的是哲学理论,很多人都认为哲学是空洞的、抽象的、远离实际生活的。事实上,哲学就在生活之中,哲学是很具体的,哲学是最关注实践的。怎样使哲学成为普通人能懂的东西,可能是仍需解决的问题。有人对哲学戏言说,哲学著作像天书,看不懂,甚至有人说越是看不懂的文章,才是好文章,才是学术水平高的文章,使人看不懂的书,才是哲学家写的书。如果按照这个标准,对我来说,在近代世界就有两位德语哲学家,一位是埃德蒙德·古斯塔夫·阿尔布雷希特·胡塞尔(Edmund Gustav Albrecht Husserl,1859—1938,德国著名哲学家,人称现象学之父,20世纪最有影响的哲学家),一位是马丁·海德格尔。因为我几次阅读他们写的书,就是看不大懂,因此,只得请我的学生来给我讲什么是胡塞尔的哲学。也许,越是看不懂的东西,就越难知道它有什么哲学意义,而应该是越大众化的东西,才越可能显示其哲学意义。

> **现象学**
>
> 现象学是20世纪20年代到70年代欧洲的主要哲学潮流之一。它一改实证主义哲学的刻板抽象,重视研究人类生活,强调人的主观意识的作用,为欧洲哲学的存在主义思潮开辟了道路。

现在,既愿意又能够做学术通俗工作的人不多,有的人(包括我自己)愿意做但不能够做好,有的人能够做却不大乐意去做,在自然科学领域(如天文学、物理学领域)往往是大家(大专家)在搞通俗化。例如,我国的天文学大家张钰哲先生就做过许多科学普及工作,写过许多科学普及作品,他在20世纪30年代就写过两部天文科普书:《天文学论丛》(商务印书馆,1934年)和《宇宙丛谈》(正中书局,1945年),七八十年代,已经是中国科学院院士的他,又为广大群众写出了《小行星漫谈》(科学出版社,1977年)和《哈雷彗星今昔》(知识出版社,1982年)两部风趣、易懂的科普著作。在物理学方面,像阿尔伯特·爱因斯坦(Albert Einstein,1879—1955,著名理论物理学家,相对论的创立者)和英费尔德这样的物理学大师,才能够写出《物理学的进化》([美]爱因斯坦、英费尔德著,周道巍译,上海科学技术出版社,1999年)这样的科普名著。很可惜,在我国,除了有艾思奇这样的哲学家写了《大众哲学》、韩树英主编了《通俗哲学》之外,还很少有哲学家、专业工作者乐意去从事哲学通俗化工作。当然,大多数的哲学工作者包括我国的一些哲学家(如北京大学哲学系的几位教授)已经在有关哲学通俗化方面做了许多有益的工作,我国中学、大学的哲学课教师,他们也是在做哲学学科的普及和

> **海德格尔**
>
> M.海德格尔(1889—1976),德国哲学家,存在主义的创始人和主要代表之一。早年攻读神学,做过天主教耶稣会修士,后主攻哲学,是E.胡塞尔的学生。纳粹当政时期担任弗莱堡大学校长,是纳粹党的坚定支持者。他反对西方哲学从古希腊时代开始延续下来的形而上学传统,认为人的"存在"是哲学的根本问题。人之在世界上,基本形态就是"烦、畏、死",这是"此在"与外界发生关系的不同阶段,其观点十分消极。由其"此在"构成的基本本体论,引申出一系列伦理的、社会的、政治的观点,被认为是20世纪欧洲最有影响的哲学家。主要著作有《存在与时间》(未完成)、《路标》、《什么是哲学》等。

通俗化工作。

哲学和哲学原理的通俗化,条件是必须要抓住要害,融会贯通,这样,才可能在这个基础上做到深入浅出,如果不能抓住要害,不能融会贯通,我们就有可能只是在名词概念上兜圈子,使人不明白在讲什么。通俗化还要用群众易懂的语言,即用大众语言表达出来。例如,我们不一定说乔治·贝克莱的观点是"存在就是被感知",而说贝克莱的观点是眼见的东西就是实际存在的东西。定义上说通俗化就是大众化,但不是任何用大众语言表达的、老百姓能够看懂听懂的东西就是学科、学术的通俗化,相声演员说的小品故事并不是哲学的通俗化,尽管其中可能有通俗的哲理。

其实,搞哲学的人有时讲点"大话""空话"是难免的,如说一切事物都如何如何,也许搞哲学的人可以讲一些"大话""空话",只是不要讲假话,或尽可能不讲、少讲违心的话。

关于辩证唯物主义可以写一本书甚至几本书,但我认为或许可以把辩证唯物主义和历史唯物主义的观点大致表达为以下几点:

贝克莱

G. 贝克莱(1685—1753),英国哲学家,大主教,主观唯心主义哲学的主要代表人物。一生致力于用经验论哲学论证基督教神学,宣扬上帝,狂热地反对唯物主义哲学思想。代表作《人类知识原理》,还著有《视觉新论》等。他提出的命题"存在就是被感知",是西方哲学史上主观唯心主义最具代表性的观点。

1. 尊重事实、尊重实践；

2. 实事求是，知行统一；

3. 因地制宜；

4. 与时俱进；

5. 以人为本，持续发展。

本书大体上对上面几点作了些叙述。唯物主义关于物质第一性、意识第二性和实践是认识的基础等理论观点，大致可以把唯物主义概括为尊重事实或实事求是，与承认实践是认识的基础，而现在讲的唯物辩证法关于普遍联系和运动发展的观点，则大致可以概述为因地制宜和与时俱进。而现代的历史唯物主义则需要包含以人为本、关注民生和保护自然环境、可持续发展的内容。如果用这几点来描述整个哲学还有些道理，这个《简编》将围绕这几点为纲目展开叙述。因此，本书与其说是对全部哲学的通俗化，例如包括对庄子哲学的通俗化、老子哲学的通俗化和对近现代西方哲学的通俗化，莫如说只是对辩证唯物主义和历史唯物主义的通俗化，或者叫通俗辩证唯物主义和历史唯物主义简编。但是，我还不敢用这样的名称。之所以不敢，主要是怕把辩证唯物主义和历史唯物主义讲歪了，讲错了。然而，本书在主观上，是立足于辩证唯物主义和历史唯物主义的。

被誉为"智慧学"的哲学，本应该颇受学生的欢迎和喜爱，但据了解，许多高校包括中学开设的哲学课是"教材陈旧过时"，"教师空洞说教"，一些哲学教师所谓的"讲"课只是将课本照本宣科地念一念，被人形象地喻为"满堂灌"，时间一长，学生难免会对哲学产生厌烦情绪。而有一种哲学漫画展却能够赢得山西高校学子的青睐，山西省哲学学会会长樊汉祯认为，借助漫画以及其他通俗形式来表现哲学，对当今高校改革哲学教学模式不无启发。

我们需要注意到，这里说的通俗化，是一个学科的通俗化，而不是任意一种世俗化或大众化，如果只是要求通俗化和大众化或过度的大众化，那就可能趋于庸俗化，这是在讲通俗化时应当注意的。在我国的文化领域，确实存在把通俗化搞成低俗化的倾向。

本书肯定有许多毛病，但或许有两个优点，一是尽可能不说自己也弄不懂的话，二是文字尽可能简练。这个《简编》是我在三次脑中风后写的，大概也只能写得简略些。如果读者要较充分地了解辩证唯物主义和历史唯物主义，请阅读肖前主编、人民出版社1991年出版的《辩证唯物主义原理和历史唯物主义原理》，以及《马克思主义哲学原理》(中国人民大学出版社，1993年)。

请读者不要把本书看作教科书，它远不是合格的教科书，甚至不是合格适用的教学参考书，如果可能，读者可以先选一点有兴趣的章节试看，如果还有兴趣和有时间再看其余，希望得到读者特别是哲学界同行的批评和意见反映，有意见和批评，是我的欣慰，如果没有反映、没有批评、没有意见，是我的失望和悲哀。还要说明一点，我认为作为通俗哲学的书，除了语言要力争做到大众化，重要的是要在内容上贴近人们的工作，贴近生活和贴近学习，但由于我除了教学，最初做过东北工学院(今东北大学)的一个教研组的组长，后来做过研究生院副院长，而我只抓学位点建设、申报和对外联系，不管研究生院的人事和财务，所以我很少做实际工作，贴近工作的要求就做不到了，只能力争在语言大众化上下点功夫。由于我的主要专业是科学技术哲学，本书一定会有我的职业痕迹，请读者谅解。

目 录

自序
哲学通俗化的断想 / 001

第一章
《天地传奇》是一部什么样的电视剧——什么是哲学 / 001

  也需要有"说大话、说空话"的学问——哲学的普遍性 / 002

  跟着感觉走——为什么要学哲学 / 012

第二章
斑斓多姿的世界——事实及其特点 / 018

  机器人是人吗——人工事实 / 019

  汶川大地震——自然事实 / 020

  目中无"人"与吃不着"水果"——事实的个别性 / 021

  法院为什么会改判——事实的不可错性 / 023

  电视剧总有漏洞——事实的完整性 / 026

第三章
天下有难事，只因有心人——从难以做到实事求是说开去 / 027

  没有"思维费力最小原理"——实事求是要费力气 / 027

用过去反对现在——先入之见难免 / 036

文章总是自己的好——自以为是难免 / 039

心脏是一个泵——求真求是 / 046

第四章
"眼见为实"和"存在就是被感知"——物质和意识 / 052

耳朵真能认字吗——"眼见为实" / 054

天下何处有万物——"存在就是被感知"与客观存在 / 058

第五章
不打不相识——在变革世界中认识世界 / 069

路遥知马力，日久见人心——实践和认识 / 069

不吃梨怎知梨的滋味——什么是实践 / 070

施诊、开方、再施诊、再开方、再施诊、再开方，永无休止
——知行统一 / 074

心想事成——理念在先 / 076

高考状元这么了不起吗——珍惜经验 / 082

第六章
坐地日行八万里——物质、运动与发展 / 085

世上有无自行车——万物皆运动 / 085

在这点上又不在这点上——物质的运动形式 / 089

"原始火球"的大爆炸——自然界的演化和发展 / 094

"太阳每天都是新的"——防止思想僵化 / 098

第七章
地球变小了，我们变大了——时间和空间与普遍联系 / 100

什么地方种苞米——因地制宜 / 100

地球每天都是新的——与时俱进 / 102

打破旧思想的牢笼——解放思想 / 109

光纤与网络——迎新和创新 / 112

第八章
我们需要和谐的世界、和谐的社会——和谐哲学 / 118

有不同就有争执——矛盾的斗争性 / 119

和谐、合作、共赢——矛盾的同一性 / 121

家和万事兴——化解矛盾 / 125

何有"第一"——主次难分 / 128

第九章
变简单为复杂——唯物辩证法的范畴 / 131

"无风不起浪"——原因与结果 / 133

怪坡和迷彩服——现象与本质 / 138

石墨与金刚石——内容与形式 / 144

买彩票中奖——必然性与偶然性 / 147

鸡蛋里头有骨头——可能性与现实性 / 152

为什么一定要那么绝对——是非的相对性 / 154

第十章
人能不能学点聪明——作为方法论的辩证法 / 160

分辨双胞胎——比较法 / 161

不能因为所以——逻辑方法 / 168

标新立异——克服从众心理与勇敢创新 / 173

破坏性试验——极端化思维与方法 / 178

第十一章
医生和患者是什么关系——思维方式 / 183

做好代思人——换位思维 / 189

反其道而思之——逆向思维 / 190

科学家和艺术家——想象、幻象与猜测 / 192

得来全不费功夫——顿悟、灵感 / 198

我错了吗——反思 / 202

我们该怎么做——批判性思维 / 205

蝴蝶效应——非线性思维 / 211

第十二章
从猿到人，人之初——作为自然历史过程的社会发展 / 216

开天辟地第一回——关于历史观的起点 / 217

致富有理——发展是硬道理 / 217

人是万物的尺度——以人为本 / 221

让我们的世界永远健康——可持续发展 / 228

需要有个人英雄——杰出人物的历史作用 / 234

后记 / 239

修订补记 / 241

第一章
《天地传奇》是一部什么样的电视剧
——什么是哲学

2009年的春节期间中央电视台第一套节目曾播出电视剧《天地传奇》，这是一部什么样的电视剧呢？可以说它是神话历史剧，因为它讲到远古时期的女娲、伏羲和其他远古时代的传奇历史人物，虽然对此电视剧各有褒贬，尤其是对人物的叙说有更多的非议，可我认为它是一部哲学剧，因为它讲天、讲地又讲人，讲待人接物，实际上讲了整个世界。讲整个世界，难道不是哲学吗？确实，我们在学哲学时，都知道哲学是关于整个世界的学问，哲学探讨的是自然、社会和人类思维最普遍的规律。我之所以说《天地传奇》是哲学剧，还因为《天地传奇》里的人物都不种地、不做饭，只玩"虚的"，只讲概念，讲道理。

写到这里，我想起了我的两位哲学家朋友（都是教授）分别介绍他们在家不做饭、不扫地的"经验"。一位说，他在做饭时常问他的夫人：大米究竟是存在，还是非存在，他夫人会回答说：你不要说昏话了，还是我来做饭吧，于是，这位哲学家朋友在家就不做饭了。另一位哲学家朋友在家扫地时经常要他夫人接受关于干净的三定律：第一，干净是相对的，不干净是绝对的，因为屋子里总有不干净的灰尘落下；第二，干净是不干净的转移，把屋子里不干净的东西（如灰尘）转移出去（扫出去），屋子就干净了；第三，干净或不干净没有客观标准，而纯粹是主观的，我认为屋子扫干净了，你认为不干净，也惹得夫人生气，只好夫人来扫地，这位哲学家朋友在家也不扫地了。

难道探讨存在和不存在、主观和客观、相对和绝对这些抽象的概念就是哲学吗？难道我们学习哲学就是为了用这些抽象的概念来逃避家务劳动吗？当然不是，但这些抽象的概念的确不仅是哲学的基本研究内容，也是我们需要和应该回答的。

也需要有"说大话、说空话"的学问
——哲学的普遍性

记得我在中国人民大学学习哲学时，老师和教科书都说过，哲学是关于世界观的学问，而世界观是关于整个世界的根本看法，或者说，哲学研究的是关于自然界、社会和人类思维的最普遍规律，这同说哲学研究对整个世界的看法一致。在我开始学习哲学时，接受了这样的见解，同时，也曾经怀疑过有高度普遍性的知识就是哲学的说法。我当时想，如果说世界观或对整个世界的看法，有很大普遍性，但如果有普遍性的知识就是哲学，也会有一些讲不清楚的问题。数学就有高度的普遍性，但数学不是哲学；爱因斯坦相对论讨论物质、时间、空间之间的关系，也有高度的重要的普遍性（世间万物都有自己的时间、空间和运动），但一般不认为相对论是哲学，而是有哲学意义的物理学理论或学说，人们也只承认古希腊德谟克里特提出的原子论是哲学，对近代由约翰·道尔顿提出的原子学说则不认为是哲学。虽然道尔顿的原子学说也有很大普遍性（世界万物的基本组成是原则不可分割的原子），但人们通常认为道尔顿提出的原子学只是化学的物质结构的自然科学理论，不是哲学。再如，我们在中学学习时就知道，一个静止的物体如果没有外力推动就会永远在那里静止不动，如果这个物体运动，就会永远运动不停，这种"静者恒静，动者恒动"的规则或准则（实际上只是力学上的惯性原理）以及"作用力与反作用力大小相等方向相反"的定理也有很大的普遍性，但它们却都不是哲学命题，而只是力学准则。虽然古代神学曾用它说明地球的运动是有神的"第一推动力"在推动，事实上，地球和所有行星的运动在太阳系形成时就存在，完全不需要什么"上帝"的第一推动。虽然有普遍性的学科未必就是哲学，虽然普遍性的命题未必都是哲学命题，但是，哲学学科和哲学问题无疑是有相当大的普遍性的，哲学命题通常会用"一切……皆……"的形式，如一切皆变，一切事物皆有矛盾，等等。哲学

> **德谟克里特**
>
> 德谟克里特（约前460—约前370），古希腊哲学家，原子论的创立者之一。他认为原子和虚空是万物的本源，而原子是最小的、不可再分的物质微粒，虚空是原子运动的场所。他用原子的运动解释自然界的各种现象，其理论是古希腊唯物主义发展的最重要成果。他的研究涵盖哲学、逻辑学、数学、物理学、伦理学等许多领域，被马克思、恩格斯誉为"经验的自然科学家和希腊人中第一个百科全书式的学者"。马克思的博士论文题目就是《德谟克里特自然哲学和伊比鸠鲁自然哲学的差别》。

知识的普遍性还指哲学知识有超出一般专门性知识的内容，哲学观点存在于人们的一切看法之中，存在于人对宇宙、对社会、对人生的看法中，又超出甚至高于对各种具体事物的看法。

可以认为，人类的知识有两大类，一类是各个专业性或专门性学科知识，如物理学的、化学的、天文学的、地质学的、生物学的以及采矿的、冶金的、机械的、电工的、电子的、化工的、农业的，以及医学等，另一类是人文和社会学科知识，如文学、美术、音乐、人口学、经济学、宗教学、管理学和城市规划学等，而哲学则既非数理化，又非机电的，也非经济学、法学和人口学等知识，或者说是"一般性的知识"，而在这些知识中，却有着某些反映普遍性和根本性问题的内容，它包含着人类对普遍性和根本性的问题的看法，可以说这就是哲学。说点可能不确切的观点，有人认为搞哲学的人尽讲空话、讲大话，不解决实际问题，也许，搞哲学的人是可以讲点大话和空话的，只是不要讲假话就可以了。哲学家不仅自己不要讲假话，还要致力于揭穿别人讲的假话，至于解决实际问题，则主要是懂专业的人们包括专家的任务，不可苛求于搞哲学的人，当然，学好哲学，可以帮助人们做好实际工作和处理实际问题。

在哲学这个大学科中，还有一些并不很小的分支学科，如中国哲学、西方哲学、伦理学、逻辑学和美学等，有一种意见认为，体育哲学、人生哲学也是哲学的分支学科。

那么哲学究竟是什么呢？我以为，大体可以说，哲学是提出和探讨对于某些普遍性、根本性超专业问题的认识、理解和方法。也可以说，哲学是关于整个世界或某个领域的总的看法（认识）的知识和学问。

哲学问题的一个特点是它有普遍性，再一个特点是哲学问题往往有根本性的意义，如究竟是物质第一还是意识、观念第一？在哲学上常常需要探讨一些有根本性意义的问题。它们或与整个宇宙、世界或领域有关，或与某个领域的整体有关。在这些领域里我们又会碰到一些有根本性意义的问题。

例如，体育学院各部门或者在研究足球怎么攻门、篮球怎么投篮、排球怎么发球等专业知识和技术，而一般的体育专家通常却不研究（或不着重研究）下面一些问题：比如，1. 竞技体育属于体育运动吗？群众体育和竞技体育有什么关系？普及群众体育有什么规律？2. 从事竞技体育的人们往往可能受伤，难道为了国家荣誉必须以人受伤为前提或代价？3. 竞技是为了比赛，体育是为了身体健康和提高人的素质，为什么要把这两个目的不同的东西放在一起，叫竞技体育？再如，工程学科的专家研究许多工程专门问题，可是他们通常并不研究（或者不着重研究）下列一些根本性问题：例如，1. 技术与科学有什么区别，为什么不能把科学与技术"一锅烩"？2. 技术与技能、技术与工具、技术与知识等有什么关系？3. 发明为什么不等于技术创新？这些是与技术有关的超专业问题或跨专业问题。中西医的医生们都研究各种疾病的病理、治疗，而一般不研究中医的哲学基础是什么，中西医的主要区别是什么，这样一些问题是哲学特别是科学技术哲学着重探讨的内容。在自然科学领域更有许多既跨学科又非常根本性的问题，例如，什么是生命？什么是信息？宇宙有没有始端？什么是场？粒子或场是否无限可分？病毒是什么？等等。

各门社会科学中更有一些普遍性和根本性的问题，例如，1. 社会科学的研究方法与自然科学研究方法有什么共同点？有什么区别？社会科学研究也要运用试验方法，甚至要一切经过试验，这与自然科学和技术研究中的试验有什么关系？2. 社会科学是否必定有强烈的阶级性？3.哲学与人文社会科学对人类生活究竟有没有实际意义，对我国的社会主义建设事业究竟能起什么实际作用？4.哪些社会科学是特别需要发展的，人口学、城市规划学、民族学和民俗学是我们今天特别需要的吗？也许，要有一门专门的哲学分支学科如历史哲学或社会科学哲学来探讨这些问题。又如什么是和谐社会，怎样才能建立和谐社会，可能更是需要建立和谐哲学才能解决的。又如社会的发展与进步，究竟什么是主要因素？是技术，还是社会？

专业性的问题和超专业性的问题都是很多的，各门自然科学、技术科学和社会科学都在研究专业性问题，而不着重研究和回答非专业性的问题，而如果一定要给哲学下定义，哲学乃是探讨有普遍性和根本性的超专业问题的认识、方法、智慧和能力，例如哲学探讨眼见的东西是否就是存在，感觉到的东西是否等于存在；我们所说的现象与现象学讲的现象有什么异同，就是由哲学来研究的，而各门自然科学、各门社会科学都不想、也不能研究超专业问题，例如关于原因和结果的关系、本质与现象的关系、结构与功能的关系，等等。这些关系以及本书后面谈到的问题，都是非专业的问题，这些问题，是哲学研究的对象。

重复地说，哲学探讨的问题通常有两个特点：一是普遍性和跨专业性，例如我们说一切皆变和矛盾普遍存在，最普遍的是探讨整个宇宙、世界的发展。哲学就是讲道理的世界观和方法论，是关于整个宇宙、世界的道理，而且，哲学不仅仅与整个宇宙、世界有关，还与某个领域的整体，如体育的整体，技术、艺术的整体有关，是有关整个工业、整个体育、整个技术、整个艺术的普遍性问题的道理和方法。因此，就有所谓体育哲学、技术哲学、艺术哲学、自然哲学等分支学科。

哲学的另一特点是根本性，哲学是以整个宇宙、世界的重大问题、主导性问题、基本性问题作为研究对象，例如物质和意识哪个是第一性、存在和感知是什么关系等，而不只是陈述或讨论各专业的一般性问题。

总之，对于各学科、各专业研究的专门问题，哲学不探讨，哲学探讨的是各学科和专业不注重研究的非专业问题和根本性问题。上面提到的与体育有关的那些非专业问题，是哲学探讨的对象，那些与技术有关的非专业问题，是哲学探讨的问题，有关自然科学的根本性问题是哲学探讨的问题，在一定意义上哲学是专门探讨某些基本概念的，如哲学家可以探讨什么是科学，什么是技术，什么是场，什么是物理，我们总不可以说物理就是所谓的"理"吧。文学艺术中也有哲学问题，至少人们要回答什么是文学，什么是艺术吧。哲学又与一些专业学科有直接关系，特别是与物理学、生命科学，与研究宇宙、研究系统和复杂性的科学有关，搞哲学的人应该知道这些科学的一些基本情况。

所以，哲学归根结底就是研究人类认识宇宙、世界和自身发展规律的科学。只有发现了人类认识发展规律，才能为人类认识的发展提供最科学的认识方法，从而使人类认识和人类社会的发展永远沿着正确的历史方向前进。人类只有遵循客观规律所指示的方向前进，才能达到持续的发展。

尽管这样，并不是说哲学与任何学科和专业无关，搞哲学的人是需要知道一点专业学科的知识的，知道几门自然科学或历史科学知识是必需的、有好处的。实际上，我国有点成就的哲学工作者大都有学习专业的经历，不少是学物理特别是理论物理的，以及学化学、学医学、学生物学的，也有学工程的。

而国外的有成就的哲学工作者也大都有从事专业的经历，他们有不少人原来研究物理特别是理论物理，也有一些人原来研究化学、研究医学，或研究生物学甚至是研究数学的。正是由于这些科学家在他们各自的领域里有深刻的研究，才感到有许多貌似专业的问题，而实际上已经不是纯专业所能解决的，例如非线性数学的发展进入混沌领域，这是一个极带哲学色彩的问题，而物理学的本质就是物质和运动、时间和空间的关系等，对它的深入研究必然要进入哲学领域。

西方哲学研究的起点和基础资源是数学、天文学、物理学等自然科学，也是本体论（Ontology）（过去哲学中关于存在及本质和规律的学说）的来源。近代实验科学的兴起，形成了各门具体科学，导致自然科学和哲学的分离，牛顿力学是近代科学的典范，也是近代哲学的思想来源。

从19世纪末到20世纪，自然科学突飞猛进，细胞学说、能量守恒转化定律、生物进化论、相对论、量子力学、宇宙大爆炸理论等相继提出和创立，继而有信息论、控制论、系统论、混沌论、DNA模型等理论、学说的新发展。在这种形势下，一方面，是自然科学家的想象力和哲学信念，导致他们对自己的研究深入到哲学领域，进行哲学反思，例如爱因斯坦说"相信有一个离开知觉主体而独立存在的外在世界是一切自然科学的基础"；量子力学创始人之一沃纳·海森堡说："一部物理学发展的历史，不只是一本单纯的实验发现的流水账，它同时还伴随着概念的发展或概念的引进。因为正是概念的不确定性，迫使物理学家研究哲学问题。""一个人没有古希腊自然哲学的知识，就很难在现代原子物理学中作出进展。"海森堡不仅是伟大物理学家，而且是哲学家，他写了不少有关物理学哲学问题的著作，如1958年写了《物理学和哲学（现代科学中的革命）》；美国遗传学家乔舒亚·

莱德伯格（Joshua Lederberg，1925—2008）也说："理论生物学的一个重要目标是给出一个生命的抽象的定义。"而且自然科学本身就创造了许多新的思维方法，如控制方法、系统方法、信息方法等。另一方面，哲学家面对从微观的基本粒子到150亿光年的宇宙深处，必须也必然对自己从认识论和方法论、决定论上提出新的研究命题，如自然界的本质、演化；什么是生命，应该怎样定义；主客体的关系；对物理学所提出的许多基本概念如时间和空间、物质和运动、有限和无限，等等，进行深入的哲学思考并提出见解，以推动自然科学的发展。总的看来，哲学既面临新的要求，也面临新的发展，更多地从本体论向方法论、认识论方面发展。可以说，自然科学和技术的发展推动了自然哲学的发展。再一方面，面临全球的生态问题，既对科学和科技工作者提出新的问题，也对哲学家提出更深层次的人与自然的关系的问题，但许多哲学家对科技给社会发展带来的负面影响进行严厉的抨击和批评，却缺乏真正建设性的理论，这是值得哲学家注意的问题。

前面多次提到超专业和超专业问题，其实这里说的超专业是很普通的意思，超越各个专业的具体内容，当然也超出一个专业讨论的具体问题，超专业问题有其普遍意义和根本性正是由于它们是哲学性质

海森堡

W.K. 海森堡（1901—1976），德国理论物理学家。1925年发表《关于运动学和力学关系的量子论新释》，奠定量子力学基础。后与波恩和E.P. 约旦合作将成果发展为矩阵力学。这是量子力学的第一种有效的数学形式。1927年，从矩阵力学推导出测不准原理。1932年，由于在量子力学领域的杰出贡献被授予诺贝尔物理学奖。著有《量子论的物理原理》《原子核物理》《物理学与哲学》等。

的。总之，虽然哲学探讨的是各专业学科不研究的问题，但又与各个专业有关。

按古希腊原文，"哲学"一词是"爱智慧"的意思，我国有人说，哲学是"明白学""智慧学"，我觉得很有道理，写本书的目的或本书希望达到的效果，就是使我们通过学习哲学能够变得更聪明些，对宇宙、世界有更多的了解，对人生目的、意义有更深的理解，对身边的、世界的、国内外所发生的各种复杂的事物能够透过现象认识其本质，善于分清是非、对错、善恶；对国家的方针、政策有更好的认识。哲学就是要让人们对世界、对他人、对各种生活事件有更好的认识，如果说哲学是关于世界观的学问，莫如说哲学是关于认识论和方法论的学问，按黑格尔的观点，哲学是反思说，反思是对已经得到的思想内容（包括科学知识、艺术意识、道德观念）的再思索或再思考，反思也属于认识论的范畴。哲学需要探讨认识的对象、认识的来源、认识的意义、认识的过程和方法等问题。

与其说这是个通俗哲学，在一定意义上也可以说是通俗化的认识论，或者说它的重点主要不是发现和陈述贯通自然、社会的最普遍的规律，而主要是想探讨人怎样才能认识世界，怎样才能正确地、合理地认识世界。可能，与其说哲学是关于世界观的学问，莫如说哲学是关于认识论的学问，或是关于认识论和方法论的学问，当然世界观同认识论、方法论是统一的。世界的存在和存在的规律性使认识成为可能，万物的存在和存在的客观性、规律性可以也只有通过认识被发现和陈述出来。

最后，要说一下探讨非专业问题对专业工作有什么意义，或哲学有什么意义。首先，我认为对人类生活最有意义的不是哲学，而是具体的专业及专业活动，哲学既不会提供吃穿，也不会看病，不会打乒乓球，只搞哲学，也许就会讲空话，或用哄骗夫人争得自己可以不做饭、不扫地，但是，这并不是说哲学就一点意义也没有，在一些时候或场合，是需要探讨非专业或跨专业问题的，而且这种探讨可能是必要的、有益的。例如，如果问什么是影响成绩的主要因素，就是一个非专业问题，它似乎与教育、体育和科学研究都有关，而又不是它们的专业问题，也许哲学对这个超专业、跨专业问题可以作以下之类的回答：与中小学生出成绩最有关的是"兴趣"，对运动员出成绩最有关的是"热爱"，对科学工作出成绩最有关的是"好奇"。这些回答都没有用专业知识，却可能同搞专业工作有关，家长要想帮助子女提高数学、物理学的成绩未必一定要督促子女多学习多少时间或多做多少道习题，而主要应该提高子女对数学、物理学的学习兴趣；要帮助科学工作者多出研究成果，未必一定要延长他们的工作时间，而要给"好奇""兴趣"以适当地位，如果经常批评人家从兴趣出发，是难以鼓励科学研究的。可见探讨非专业问题的哲学可能是对专业工作有一定意义的。再例如，探讨技术与科学的联系和差异，可能是同各门具体技术专业无关的非专业问题，然而，探讨这个问题可能会涉及是否需要在奖励科学成果外，还专门奖励与技术有关的其他活动，如可不可以设立技术发明奖、技术创新奖、技能奖、维修奖等，也许奖励各种与技术有关的活动，给工程师们更合理待遇，对于各项具体的技术的发展和技术人员都有好处。由于哲学是探讨和研究整个宇宙、世界的发生、发展等的宏观的问题，所以可以说和各行各业都有关系，和从事各行各业的人，包括做政府工作、经商、搞军事工作、搞外交、做外贸等的人都有关系，而且，哲学对于人生、社会、生存、社交、社会发展的探讨，对建立和谐世界等问题的探讨，对科学家和工程师的创新、开拓也会有帮助。所以我才觉得做哲学通俗化的工作很有点意义,也是我写本书的基本目的和宗旨。或许,在一个人年轻和刚开始工作时,更关心的是要搞好自己从事的专业,解决与专业有关的具体业务问题,对哲学不是很有兴趣,然而,随着年龄的增长和工作经验的积累,就会逐步认识到需要探讨一些有普遍性和根本性意义的问题,包括如何发现工作中的问题、如何对待成功和失败、如何对待挫折、如何总结研究工作中的经验教训、如何对待朋友和如何对待社会、如何对待人生、如何对待世界、如何对待自己等这样一些问题,才逐步意识到哲学的必要和重要,事实上,许多老科学家、老工程师、老医生和老教练对哲学更有兴趣,这并不奇怪。年近古稀的郎景和医生说:一个好医生必须有人文和哲学的修养,医学的本质是人学,是人文主义、人道主义。外科医生的工作25%是手术,75%是决策,而决策的基本内容是哲学,要靠顿悟和思辨。若对科技工作者作问卷调查,老专家关心哲学的程度会更高些。也许,一个人从事某种实际工作或某种专业的时间越长,接触过的问题越多、越复杂,就越发会感到需要了解和学习别人的经验,越发会感到需要总结自己的经验,也就是在这个时候,这个人越发会感到需要一种理性的思考,需要一种高一层次的理论探索,需要有点哲学借鉴,更不用说需要研究哲学。

跟着感觉走
—— 为什么要学哲学

那么,当代的普通年轻人包括大学生究竟有什么必要也学习点哲学呢?哲学对他们又有什么用呢?

确实,学哲学对当代的普通年轻人可能没有太大的实际用途,哲学未必能帮助大学生考好微积分和掌握计算机编程，未必能帮助人们打好乒乓球和做家务劳动，就是著名的哲学家也未必会给人治病，未必会养猪、种花，哲学没有这样的用处，也许，我们要从其他一些方面思考哲学与年轻人的关系。

"学好哲学可以在哲学考试中过关"，中、大学生要通过哲学考试，是一个实际问题，类似所有学生都要通过数学考试和体育考试，中、大学生即使为了通过哲学考试，也得学好哲学，何况学好哲学可能还有比通过考试更多一点的益处。例如，哲学讲究概念的精确性，学好哲学的人通常比其他人更会运用概念或者像有人说的更会"玩弄"概念，可能年轻人学哲学、"玩弄"点概念，在有的时候是有必要的。

"我们只要跟着感觉走就可以了，无需哲学思想的指导。"确实，哲学未必能指导一切，未必应该与可能指导物理学、天文学的发展，说哲学可以和能够指导各门自然科学的发展，只是表面上抬高了哲学的意义。实际上，哲学连指导治好普通感冒也做不到，哲学没有那么大的指导作用，但是否只要跟着感觉走就可以了呢？不可。人们的感觉是多种多样的，容易变化的。股市会涨或会跌，做股票交易的人凭自己的感觉买进或卖出股票，但他们这样跟着感觉走却往往是赔本的，有了一些哲学知识，掌握了正确的思维方法，就会有比较正确的判断能力，减少赔本；大学生跟着感觉走，答微积分或物理试卷也会常出错的，通过学习哲学掌握了更多的思辨方法，会有助于对数理问题的思考，实际上优秀的数理教师都有很好的哲学造诣，一名中学名师的讲座就是"高中物理思维方法讲座"。一些很有经验的行家都有用哲学搞事业的体会，如有的企业家说他是用哲学来做生意，有的将军用哲学打仗。

所谓"跟着感觉走"是什么呢？所谓感觉，就是人们的感觉器官（眼、耳、口、鼻等）对外部世界的刺激反应（色、香、味等，也包括对事物或人的外表美、丑的直观反映），总之，感觉只反映表面的、肤浅的、暂时的东西，如果只是跟着感觉走，就可能不问内容是否庸俗，把很会逗笑的作品和演员就看成"好作品"和"好演员"；就会把教学水平一般但对学生考试放松甚至送分的教师看成"好老师"；就会不顾营养成分，把色彩好、味道好但营养差的菜看成"好菜"；在选择配偶上，就可能不问一个人是否关心他人，是否努力学习、工作，而主要把肌肉发达、脸蛋漂亮作为择偶标准；就会把给自己钱财和请自己吃饭的人看成好人，把批评过自己或让自己经受考验和痛苦的人看成坏蛋；认为给部下增加收入的就是好领导，反之就是不称职的干部。

人们在思想上、行为上、交朋友上和评价上是不能只跟感觉走的，人们的言谈举止，都需要有理论观点的指引或指导，古代人去算命，就是为了自己能得到一些指导，现代人不会去算命，也要有一些观点和方法来思考自己的未来。可能，学习哲学会帮助我们确立正确的世界观和方法论，正确的生活预见需要哲学。或许也可以说"跟着感觉走"也是一种哲学，只是一种消极的哲学吧！

"我们是需要理论，需要哲学，可是，从古到今，是有多种哲学的，我学习其中哪种都行，为什么非得学马克思主义的哲学呢？"有的年轻人可能这样想，这样问。很可能，大学生是可能和需要学习随便一种哲学的，如果大学生下功夫去学习研究费尔巴哈的唯物主义，下功夫去学习研究黑格尔的辩证法和现代西方哲学，这是好事。

然而，马克思主义哲学并不是随便哪一种哲学，要了解我们为什么要学习马克思主义哲学还需要知道它的由来和历史。它是产生于19

世纪的前所未有的新哲学。在19世纪的德国，最有影响的是费尔巴哈的哲学和黑格尔的哲学，而那时的伟大思想家马克思正是吸取了费尔巴哈唯物主义的基本内核和黑格尔辩证哲学的合理内核，才创立了辩证唯物主义和历史唯物主义。辩证唯物主义和历史唯物主义是人类文化发展的结晶。我们要学习马克思主义主要不是因为它姓马，而是因为它正确，马克思主义哲学讲的要实事求是和与时俱进等都是正确的道理。马克思主义的唯物论、辩证法、认识论和历史观是自然科学长期发展的理论总结，是人类社会长期发展经验的科学总结。我们要学习马克思主义也不仅因为它正确，还因为学习马克思主义哲学是有趣的，马克思主义不是在表面上描述我们的日常生活和生活的记录以及生活经验的积累，例如它不仅告诉人们运用线性思维，还告诉我们也可以有非线性的思维，马克思主义哲学常常把人的经验提升为哲理，而这些哲理单靠我们自己的实践是总结不出来的。马克思主义不是工人自发运动的产

费尔巴哈

L.A.费尔巴哈（1804—1872），德国哲学家，19世纪德国古典唯物主义哲学和无神论的主要代表。系统地批判了黑格尔唯心主义哲学和宗教，提出自己的人本学唯物主义理论。主要著作：《黑格尔哲学批判》《基督教的本质》《未来哲学原理》《宗教的本质》等。

黑格尔

G.W.F.黑格尔（1770—1831），德国哲学家、社会思想家，19世纪客观唯心主义的集大成者，唯心主义辩证法的系统阐释者。认为世界是"绝对精神"通过自身的辩证运动外化的产物，其哲学观点对人类思想史有广泛深远的影响。主要著作为《精神现象学》《逻辑学》《法哲学原理》《哲学全书》《哲学史讲演录》等。

物，不是年轻人自己活动的产物，马克思主义作为一门学问正像物理学、化学和地质学那样，是只有靠被灌输或学习才能懂得的。何况，学习哲学不仅可以帮助我们掌握正确的世界观和方法论，还会让我们通过一门政治理论课的考试，而且，有时还可以帮助我们通过专业课的考试。

严格地说，靠跟着感觉走过日子并不是不可以的，如果一个人不学习前人的知识，不上学，不读书，也能靠自己的经验总结出"两点间直线最短"和"勾股弦定理"这样的知识；一个人不学习前人的知识，靠自己的摸索也能领悟到"三人行，必有我师"和"艺高人胆大"这样的常识。好在人类有一个最伟大的法宝，就是学习，人们通过在小学和中学的学习，可以用很短的时间掌握先辈们经过世代获得的知识，让我们不必花费大量时间再从头到尾地重新总结经验。我们通过学习几何学，在年轻时就可以掌握"勾股弦定理"和其他许多知识，通过学习哲学也可以使我们知道许多做人的道理，掌握思考问题的方法和能力，认识事物本质、明辨是非的标准。

学哲学，重要的是学到正确敏锐的认识方法，例如学习作为方法论的辩证法，如本书讲到的比较法和极端化方法，这样一些方法不仅使我们可以善于辩论，而且会使我们更聪明。专攻理论自然科学的人们（如搞理论物理、理论化学的人）更有必要学哲学，而且现在理论物理上的唯心和唯物主义还在研究和争论中。

人们可以靠自己的经验积累和摸索获得哲学与科学知识，但那是一个漫长的、痛苦的过程，好在现代人无须这样了。

人类最伟大的发明不是汽车、飞机和计算机，而是学习。通过学习，人类在几千年里积累的数学、物理和化学知识，中学生可能只用几个月就能够掌握，我们用几个月写出的本书，大学生可能只用几小时甚至一小时就可以看完,学习是最有效掌握知识的方法,让我们在学习中增加见识,增长才能吧!没有学习,人类文明就不可能传承,个人水平就得不到提高。现在,我们要建设学习型社会,也说明学习的重要。

第二章
斑斓多姿的世界
——事实及其特点

天下之事杂乱繁纷，有真理、有谬误、有显现、有隐藏，而又要求人们实事求是对待这一切，为此，我们首先要弄清什么是"实事"，什么是"是"，什么是事实。笼统地说，事实就是实际存在着的东西，而且通常是以实物形态存在的，也有以信息形态存在的事实，如文件、信件、书籍和资料，人们还把客观过程看作事实。我们往往说某事是既成事实，事实是既成的东西，已经发生了的东西，是相对稳定的客观存在，过去发生过的一切都是事实。确认事实、承认世界的物质统一性，应是哲学的起点，是唯物主义哲学的基本出发点和前提，也应是通俗哲学的起点。

大多数哲学家都认为世界有其统一性，世界上的事物和现象千千万万，但它们并不都是没有关系的，只不过有些哲学家认为世界统一于感觉，统一于精神，有的哲学家认为世界统一于物质，当然，也有人认为世界统一于存在，如欧根·杜林。其实，说世界统一于存在，等于什么也没有说，讨论世界统一性问题，世界当然必须存在，即有世界，说世界统一于存在，等于说世界统一于有或什么也没有，说世界统一于存在也没有说明世界统一于什么性质的存在，是物质性的存在，还只是观念性的存在。我们不要接受世界统一于存在的观点（世界统一于存在是杜林的对世界本原的观点，是恩格斯《反杜林论》批判的内容）。

机器人是人吗
——人工事实

20世纪的人间戏剧又多了一个主角：机器人。按照有的人给"人"下的定义，"人是两腿直立、没有羽毛的动物"，机器人正是人，因为机器人就是两腿直立、没有羽毛的物件，而且，我们可以说机器人是高级人，它不凡事先替自己打算，不唯利是图，不损人利己，不弄虚作假，它自己不会贪污、腐败，它不畏艰苦，不怕困难（如水下机器人），它们在能力上，甚至在智能上都非常了不起，但众所周知，机器人是人造的，它的种类

杜 林

E.K. 杜林（1833—1921），德国哲学家、经济学家。曾任柏林大学讲师，提出自己的经济学和哲学观点，企图挑战马克思的学说。恩格斯撰写《反杜林论》一书，在对杜林思想进行批判的同时，系统阐述了马克思主义的基本思想。著有《国民经济学和社会主义批判史》《哲学教程——严密科学的世界观和人生观》等。

机器人

很多，而且还在不断发展，例如有会下棋、会料理家务的机器人，但它们的功能和实体都是人设计制造出来的，它们都是人工事实。教师写的讲稿，我们记笔记的笔记本，在它们形成后，也可以看作人工事实。

汶川大地震
——自然事实

2008年5月12日，我国四川发生了8级特大地震（里氏地震分级，超过7级就是大地震，目前已知的最大震级为8.9级），震惊全世界，死亡人数达8万余。

我国地震记载已有几千年的历史。根据中国地震局的研究结果，有记载以来，从1303年始，我国大陆发生8.0级以上地震共19次，涉及山西、陕西、山东、新疆、西藏、宁夏、甘肃、四川、青海、云南、河北等11个省份；1900年有仪器记录以来，我国大陆地区共发生7.5级以上地震24次，其中8级以上地震8次。7.5级以上地震平均约每4年半发生一次，8级以上地震平均约14年发生一次。台湾地区1900年来发生7.5级以上地震共10次，1920年6月台湾大港口和1972年1月新港地震都达到8.0级。因此，我国是名副其实的强烈地震多发国家。

每次这样的大地震都会造成几万、几十万人民的死亡，更多的伤残以及财产的巨大损失。这种对人类有极大威胁的、可怕的自然灾害我们不仅无法制止，甚至无法预测，当然更谈不上控制，它是自然事实。

事实特别是自然事实，具有个别性、不可错性、完整性等特点。

目中无"人"与吃不着"水果"
——事实的个别性

在实际生活中,我们是需要关心和尊重他人的,不可自高自大,看不起别人,不可老子天下第一,目中无人。但是,在认识领域,却难免要目中无人,即看不到人,简言之,没有抽象的、空虚的"事实",可以作为事实的对象总是具体的、特定的,也可以说是唯一的,世界上只有一个喜马拉雅山,只有一次汶川特大地震,只有一个孔夫子,只有一个牛顿,只有一个"我自己",与唯一事实对立的"其他事实"是不存在的。

附带说,实际存在的事物都是具体的、个别的,都是"这一个"或"某一个",正像我们只能够看见或男或女、或高或矮、或老或幼或中年的张三、李四,但看不到非男、非女、非高、非矮、

牛顿和牛顿力学

I. 牛顿(1643—1727),英国物理学家、数学家、哲学家,举世公认的人类历史上最伟大的科学家。总结伽利略、开普勒等人的成就,提出运动三定律和万有引力定律;与莱布尼兹几乎同时各自独立创立了微积分学,为数学发展作出划时代贡献;用实验证明白光是由七种不同颜色的光组成的,提出了光的微粒说。主要著作有《自然哲学的数学原理》《光学》等。以牛顿力学为代表的物理学理论和成就,是经典物理学和近代天文学的基础,也是近代工业革命的科学依托,在现代工程力学和相关技术科学领域有广泛应用,对人类科学与技术发展有重大而深远的影响。

非中等身材、能制造和使用工具、有思维、会说话又非王二、非张三的人。按照规范的定义，人是能制造和使用工具、有思维、会说话的高级哺乳动物，但这样的"人"是眼睛看不到的。同理，人们可以吃掉这一个山东产的小黄梨、辽南产的大红苹果，但那一个人不可能吃到非梨、非苹果、非桃、非黄、非红、非大、非小、非山东产、非辽南产的富含水分和维生素C的一般植物果实"水果"。我不知道"水果"的确切定义，而如果把"水果"定义为含有水分、有点酸甜味的植物果实，这样的"水果"也是吃不着的。

任何概念（如"人"的概念、"水果"的概念）都有普遍性或一般性，但任何实际存在的事物和情况都是个别的、特定的、有个性的，一些有个别性的事物区别于另一些所谓的性质是事物的特殊性，一切（无数个别）事物都有的共同性质就是普遍性，同特殊性有共同的性质是普遍性。一个概念所涉及的范围是这个概念的外延或外包，一个概念反映的对象的性质是这个概念的内涵，概念的外延越大它的内涵越小，可以说概念的外延是同内涵成反比的。外延越大的概念内涵越小，内涵越大的概念外延越小。我们还要注意到，个别、特殊、普遍的区别是相对的，在个别中包含特殊，特殊中又包含普遍。中国十几亿人都有个性，有特殊性，但生活在长江以南的南方人又区别于生活在黄河以北的北方人，南方人（如上海人、广州人）说一般北方人听不大懂的吴语、粤语，喜欢吃有甜味的食品，所谓"南甜北咸"就是对特殊性说的。而无论是哪个国家、哪个民族的人都把生育自己的母亲叫妈妈，把养育自己的父亲叫爸爸，这是说的普遍性，也许，为什么世界上的人共同都称爸爸、妈妈是可以研究的。而且，一般说，社会科学的观念有较明显的特殊性，少有放之四海皆准的道理，而数、理、化的观念则多有放之四海而皆准的，难怪有人说"学好数理化，走遍天下都不怕"。甚至有人说"学好数理化，走遍宇宙都不怕"。"走遍天下都不怕"难道不是放之四海皆准？社会科学的知识则少有放之四海皆准的原理和意见。

任何一类事实都有特殊性，不同于其他种类的事实，因此，我们对一类事实的认识特别是对社会性事实的认识，必须要具体分析，或者说，必须要具体问题具体分析。

法院为什么会改判
——事实的不可错性

对一样犯罪事实，法院在判决时，可能有不同的考虑，有时也可能会出现判决多样和判决不当、错判和改判。例如某机场有一位做保洁工作的女工，她在清理机场时，无意中发现在垃圾箱附近一个比较重的纸箱，因为纸箱是在垃圾箱附近，所以她没有认真寻找失主，而是将她捡到纸箱的事告诉同事，没有隐瞒，她并没有打开箱子，是别的同事打开的，并告诉她里面是黄金首饰，下班后她并未将纸箱上缴给机场有关部门，而是把它带回家，当她知道失主正在寻找后表示第二天上班就交上去。此事在全国引起较大的反应，对此，有的律师认为该女工虽有错误但并未触犯法律，因此可判无罪；也有律师主张给该女工判有罪；甚至还有律师认为该女工因为有特别巨大财产来源不明，私自占有的财产特别巨大，可判诸如无期徒刑那样的重罪。因为判决也是一种认识，而认识是可能有分歧或有错误的，事实总是既成的，只有在强大外力作用或自身演化（如进化或老化）时，事实会有变化，除此以外，正如人们常说的那样，事实本身是不会改变或变化的、是铁定的，或者是"铁的事实"。铁的事实的提法，反映了事实的铁定性、不变性和不可错性。法院的改判并不是因为犯罪事实有变化，而是法院的执法人员对犯罪事实的调查、认识以及法律处理有变化。我们对机场女工的过失可以有不同意见，但也许下面几点是可以考虑的：1. 对捡到贵重物品的人应该有给予合理奖励的条例，即要奖励拾金不昧者；2. 对捡到贵重物品而据为己有者也要有上缴规定或处罚条例和处罚规定。

人工事实从动机到效果有正确与错误之别，而自然事实无所谓正确与错误之分，我们有时听到"错误事实"的提法，这不是指事实错误，通常是指某人犯错误的事实。需要明确的只是自然事实无所谓正确与错误，人对事实的认识则可能有而且大都有正确与错误之别，有真理与谬误之分，自然界按照自身的规律变化发展，无所谓正确的自然现象或错误的自然现象。汶川大地震造成几万人遇难，但我们不能认为地震是自然界的错误行为，自然界不知道它的行为应该有利于人类，及怎样造福于人类，也不知道它的什么行为会为害于人类和怎样为害人类。它对自己的行为不负法律的、道德的责任，因为自然界无从选择自己的行为内容和行为方式。我们也不能说在天旱时下及时雨，是自然界的正确，而在江河泛滥时下雨是自然界的错误，我们没有理由和能力来判断自然界和自然现象的正确与错误。地震及其他对人类不利的自然现象都没有自己的错误，当然也不可能让自然界对此负责。

重复说，只有自然事实才无所谓正确与错误，人工事实和人为事实（包括机器人，人工、人为形成的事实）从设计、制造到操作的动机、方法和过程看，是有正确与错误之分的，否则，人们就不必对自己的行为和工作负责了。法院可能有错判或改判，但犯罪事实不会变。

事实，特别是自然事实本身没有错误（变化或改变），但是，人们对事实的反映却可能有错误，产生错觉，因为事实并不总是以自己的本来面貌出现，而表现为现象（包括假象）。一种事物的特点、性质是该事物本身具有的不是其他事物给予的，而这种事物必然与其他事物发生联系并在这种联系中把自己的特点现象表现出来。某事物对外表现出来的特点性质就是该事物的现象。只看现象，并不一定会知道该事物特点和性质产生的原因、根据、条件和必然性，即并不一定会知道该事物的本质，所以说事实并非都是一目了然的，虽然自然事实本身没有错误，但是无论在自然界，还是在社会，事实并不总是以真相出现，而会表现为假象。假象也是一种现象，只是假象会使人真假难辨，产生错觉，一些生物具有的保护色就能迷惑其他生物、迷惑人，保护色就是一种假象。再如在世界的许多地方，都有"怪坡"现象存在，本来是平坦的土地，人们看起来却不仅有坡度，而且是坡顶、坡底颠倒的怪坡，即从坡顶到坡底要费力，而从坡底到坡顶却很省力，这种怪坡曾迷惑过许多人，包括一些科学家，实际上只是那块土地周围的山河衬托使那块地看起来像怪坡地，并没有真正的怪坡。

在人工、人为领域，人们有时更会故意制造能迷惑人的假象，如军队战士穿的迷彩服和在武器装备上涂的迷彩色，人们被假象迷惑的事情更是经常发生，这也是实事求是的困难所在。又例如，有的贪污腐败分子会表现出勤勤恳恳、艰苦朴素、平易近人的样子，使人们暂时看不清他的真面目，但时间一长，则总要暴露真相，我们不必为他们的伪装过分忧虑。而且，人们的认识能力、认识水平和认识方法还会不断提高，认识手段还会不断强化，一切伪装都不可能永远保持下去。

电视剧总有漏洞
——事实的完整性

由于种种原因和条件限制,再好的电视剧在人物关系、历史线索、时代背景上也难免会有一点漏洞或不大合理的地方,但客观存在的事实是完美(整)的,没有漏洞的,事实的各个环节是完全合乎逻辑的、协调一致的,所有编造出来的故事包括电视剧总会有漏洞或不合逻辑的环节或不近情理的安排。对我自己来说,当要我交代某个问题时(虽然常常是被迫的),我总是会尽可能按事实说话,因为只有事实才是圆满的,令人信服的,而编造故事,总会露马脚。同时,我也告诫说假话的人,假话总是不会圆满的,它或是有逻辑上的漏洞,或是不近情理,假话说得越真,越容易被揭穿。一个人为使人相信他的假话,常常需要去编造更多的假话作补充,结果就有更多的逻辑矛盾,并把事情复杂化。正如有人说,为了被一句谎话被人相信,需要再说十句谎话来"弥补",在日常生活中,我们不要学着编故事迷惑人。

第三章
天下有难事，只因有心人
——从难以做到实事求是说开去

人们常说天下无难事，只怕有心人。其实，世界上或天下是有难事的，这里的难事之一就是实事求是，而这个难恰恰是因为有心人或人有心，即人有利益追求、思想感情、意见、观念和理论，总之，实事求是之难主要是因为有心人求真之不易。

没有"思维费力最小原理"
——实事求是要费力气

我们的革命老前辈陈云在生前反复说过他自己的自律格言，并告诫我们要"不唯书、不唯上，只唯实"。

在我国历史上经过秦始皇的焚书坑儒后，存于世间的书籍不仅很少，而且非常流散，汉景帝刘启的儿子刘德（河间献王）一生酷爱藏书和研究古代文化，他从民间收集了很多先秦时期的旧书，有不少是出了高价收买来的。他不仅收藏古旧书，而且进行认真的研究整理，刻苦钻研、分辨真伪，总是在掌握充分的事实根据以后，才从中求得正确可靠的结论来，因此，他留给后世的著作是非常珍贵的。我国东汉著名历史学家班固（32—92，东汉史学家、文学家），在他编著的《汉书·景十三王传第二十三》中介绍河间献王刘德时，赞誉刘德严谨的治学态度说："河间献王德以孝景前二年立，修学好古，实事求是。""实事求是"是考证古书时求其真本，讲的是实证的治学态度和方法，这种实事求是的治学态度和思维方式一直受到我国历代学者的赞赏。唐朝的颜师古（581—645，名籀，唐朝儒家学者，经学家、语言文字学家、历史学家）对"实事求是"作这样的解释："务得事实，每求真是也。"后虽经宋明理学末流的"虚学""空疏"，但从清代已重新提出汉代的"实事求是"的治学态度，重点是"求是"。从此，这句富有哲理的古语就在我国广泛流传，成为我们工作、处事尤其是治学、办学、教育的基本原则。1914年，刚任北洋大学校长的赵天麟（1886—1938，字君达，天津人）即以"实事求是"作为北洋大学校训；同年宾步程（1879—1943）出任湖南公立工业学校校长，并将学校迁到岳麓书院，1917年，宾步程为岳麓书院手书"实事求是"匾额。他们两人都是从国外留学归来，将实事求是作为校训，既反映了他们对中国教育传统的重视和继承，也体现了"五四"的"科学""民主"精神。有人认为，"实事求是"的思维方式是我国特殊条件的产物。

岳麓书院"实事求是"的校训，对毛泽东产生了影响。1941年5月，毛泽东在《改造我们的学习》中，对实事求是做了全面的诠释，他在文中指出："'实事'就是客观存在着的一切事物，'是'就是客观事物的内部联系，即规律性，'求'就是我们去研究。我们要从国内外、省内外、县内外、区内外的实际情况出发，从其中引出其固有的而不是臆造的规律性，即找出周围事变的内部联系，作为我们行动的

湖南长沙岳麓书院

向导。"客观存在的、真实的事实本身并不就是规律或规律性的认识，如只如实记录天上星星的位置还不是行星运动的规律，行星运动的三定律（如椭圆定律、面积定律）是"求"出来的，不是写在天上的。他又说要做到实事求是，"就须不凭主观想象，不凭一时的热情，不凭死的书本，而凭客观存在的事实，详细地占有材料，在马克思列宁主义一般原理的指导下，从这些材料中引出正确的结论。这种结论，不是甲乙丙丁的现象罗列，也不是夸夸其谈的滥调文章，而是科学的结论。这种态度，有实事求是之意，无哗众取宠之心。这种态度，就是党性的表现，就是理论和实际统一的马克思列宁主义的作风。这是一个共产党员起码应该具备的态度。如果有了这种态度，那就既不是'头重脚轻根底浅'，也不是'嘴尖皮厚腹中空'了"。

毛泽东对实事求是的论述既是对中国传统文化的历史继承，也是对中国传统文化的发展。我们在认识问题和处理工作时最需要的就是实事求是，实事求是是坚持唯物主义的基本要求，是我们党的思想路线。讲思维方法，就要从实事求是问题说起，从表面看，实事求是是最容易的，无非要按实际情况说真话，有一说一，有二说二，"务得事实，每求真是也"就是通常说的实话实说和从实际出发。

可以说，要尊重事实，就是实事求是，其实实事求是是很简单的、很容易的事情，从实际出发是一个意思，也就是电视节目的"实话实说"，或平时常说的"有一说一，有二说二"，不隐瞒真相，也不添枝加叶。实事求是极其重要，我们想问题、做工作要正确有效就不能只凭虚设、想象、幻想、猜想，不同于写小说（写文章也需要实事求是）、绘画，而必须有事实根据，这就一定要从实际出发，有一说一，看起来是很容易的，但是，实事求是实际上又是最难做到的，下面将专门谈到实事求是难的问题。

实事求是中的"实事"可以理解为实际存在的事物、事情或事实，也就是客观存在，实事求是中的"求"就是寻求或寻找，实事求是中的"是"就是正确、真理。简单地说，实事求是就是要从实际存在的事物、事情、事实中找到对它们的正确的、规律性、理论性的认识、观点或看法，或者就是从实际出发寻求真理，从客观存在的事物中去探求事物发展的规律。应当说，实事求是与"一切从实际出发"是一个意思，一切从客观实际出发，而不能主观臆断。

实事求是的哲学内涵是肯定物质是第一性的，强调物质决定意识，肯定事物是运动变化的，不能用一成不变的眼光看问题。实事求是是坚持唯物主义的基本要求，是我们党的思想路线。讲思维方法，就要从实事求是问题说起。有人说实事求是是世纪之交的中国马克思主义哲学或许有一定道理，因为它体现了辩证唯物主义和历史唯物主义方法论的基本原则和内容。实事求是，既是思维方法，也是实践过程，它关系一件事乃至一项事业的正误成败，因此它又是一条思想路线，是一个行动纲领，例如"文化大革命"后，我们首先实事求是地开展了真理标准问题大讨论，彻底否定了"两个凡是"，先从思想上解放，才拉开了改革开放的大幕。实事求是，并不是否定发挥主观能动性，恰恰相反，为了实事求是要求我们解放思想，与时俱进，以求真务实的精神探求事物的本质和规律，也要反对夸大意识能动作用，要在实践中检验和发展真理。

所谓实事求是难，是说要真正做到实事求是并不容易。实事求是难，大约有两个方面的原因。一是来自客观方面的。"求是"是探求客观规律，而规律常常是很复杂的，也常常为现象所掩盖。人们要经过长期的实践、摸索、失败、总结，才能得到真知。例如，如何确定我国现阶段的社会性质这个基本又重大的问题，可以说是几辈人经过几十年的探求才找到答案的。一直争论到1987年才最终确定我国现阶段处于"社会主义初级阶段"这一重要社会性质。可见实事求是地认识一个真理是多么困难，既需要认真地调查研究，也需要有极大的勇气。在自然科学研究和发展中更有无数事例。另一方面是来自主观的、人为因素。人不论是进行科学实验还是社会活动，都会有集体、人群关系，而人与人合作则是相当困难的。因为每一个人都有思想，都有一个"主观"的自我，上述事例实际上也包括了这一点。

2008年，人民日报社原副总编辑梁衡教授在岳麓讲坛做《怎样才能实事求是》的报告中指出："'实事求是'是一个探求客观规律的实践过程。既然是实践，就是开拓，就是实验和摸索，就没有现成的路子和捷径，所以必然有阻力。大概有十个方面阻碍实事求是：无知、经验、习惯、书本、实践、自满、感情、权威、利益和行政。"

这里有自身的，也有来自环境和外部条件的，可见实事求是是多么困难。我们不但需要敢于实事求是，当然，也需要善于实事求是。

我们说实事求是是要费力气的，也就是说不能从经济性的观点来看待实事求是问题，讨论实事求是不是一个经济学的课题。

在物质生产上，从经济角度看一件事，要求用最小的花费、最低的成本取得最大的成果，或者说在经济学上可以有"费力最小原理"，但在要取得认识上的成果来说，从费力最小或思维经济考虑则是不行的，要做到实事求是一定要费力气，想省力，就不能实事求是。只凭自己的头脑想象，当然很省力，但不能得到正确的结论。

实事求是要费力气，包括必须做深入的、艰苦的调查研究，做长期的科学实验和理论研究（包括有深入的数学分析），在认识上得到一个科学命题，要做艰苦的脑力劳动，这里没有"思维经济原理"，怕艰苦，图省力，可以做概念游戏，但不能做需要有实事求是的工作才能得到的科学事实、科学概念和科学判断。

典型的例子是最终确定我国的珠穆朗玛峰的高度，珠峰是世界最高峰，地球第三极，其高度已经经过四次测量，每次都不一样：1954年，印度一个名叫古拉提的测量师测得了珠峰的高度为8847.6米；1975年，中国测得珠峰高度为8848.13米；1992年，意大利科学家乔治·普瑞迪带队测量出珠峰高度为8846.50米；1999年5月，美国"千禧年珠峰测量"计划实施，宣布测定结果为8850米……珠峰到底有多高，这一直是个谜。珠峰是我们中国的，我们自己应该测量出它的真实的高度。由于珠峰上的积雪很深，过去的测量结果是用插杆法测得积雪厚度再从总高度减去而得珠峰高度，而插杆测出的积雪深度也相差很大（0.92米和2.55米，据有人估计则是10米）。为了得到珠峰的真实高度，2005年5月，我国的登山队员和测量队员经过千辛万

珠穆朗玛峰

苦，采用了先进和完善的测量方案，传统的经典测量方法和现代 GPS 卫星导航定位测量方法，用这两种方法相互补充、相互印证，揭开了珠峰的身高之谜，得知珠穆朗玛峰峰顶岩石面海拔高程 8844.43 米，测量精度 ±0.21 米；峰顶冰雪深度 3.50 米。并向全世界公布，至此得到珠峰的真实高度，确定珠峰高度就是既需要勇气也要花力气，要付出非常大的艰苦。

对于认识世界，对于科学实验和调查研究，要实事求是不能图省力，这里没有思维经济，但是，我们也不能说在认识领域只能费力最大，越费力越好。我们在讲话、做文章时可以也应该遵循尽量简单的原则，如果两三步就可以解决或证明的问题，就不要用七八步。在哲学史上有一个叫"奥卡姆剃刀"的概念，意思是要用这个剃刀把文章中繁琐的东西都去掉，我们可以不要思维经济原理，但或许可以用"奥卡姆剃刀"。

实事求是不仅需要勇气，而且必须要有勇气，要敢于实事求是。人们常说打仗需要勇气、做外科手术需要勇气，其实，做到实事求是也是需要勇气的。实事求是，特别是在社会领域和社会问题方面做到实事求是，做到说实话、讲真情，没有一点勇气是不行的，因为在社会领域，到处都与现实的经济和切身利益有关，没有与经济利益无关的、与切身利益无关的事，也没有与利益无关的人，要说出与利益没有任何关系的"纯"客观事实，几乎是不可能的。

凡人和事都与一定利益有关，这就造成了实事求是的困难。事实上，实事求是往往会得罪人，例如张三和李四两个人都参加了某会议，这本来是客观情况，但如果说成是"出席会议的有张三、李四"就同说"出席会议的有李四、张三"不一样，前一种说法可能会得罪李四，后者则可能得罪张三，要想实事求是不得罪任何人是困难的。如果硬要"纯粹客观地"说出某人（尤其是自己的上级）自己还不承认的缺点错误或他违反纪律或法律的事情，这种实事求是就更需要勇气，胆小怕事，是难于做到实事求是的，明明知道有客观事实也不敢说出口。前述关于确定我国现阶段的社会性质问题，首先提出应该分阶段的人，是冒着很大风险的。

科学史上为捍卫科学真理而付出巨大代价甚至生命的例子也很多，所以科学革命的先驱伽利略说"追求科学需要特殊的勇气"。意大利思想家乔尔丹诺·布鲁诺为信奉哥白尼创立的日心说成了宗教的叛逆，被指控为异教徒并革除了他的教籍。1576年，年仅28岁的布鲁诺不得不逃出修道院，并且长期漂流在瑞士、法国、英国和德国等国家，用他的笔和舌毫无畏惧地积极颂扬哥白尼学说，并以超人的预见大大丰富和发展了哥白尼学说。在他的《论无限、宇宙和诸世界》一书中，提出了宇宙无限的思想，他认为宇宙是统一的、物质的、无限的和永恒的；在太阳系以外还有无以计数的天体世界，人类所看到的只是无限宇宙中极小的一部分，地球只不过是无限宇宙中一粒小小的尘埃。他的学说极大地触犯了反动、保守的天主教会，他们将他关进牢房，他仍说："为真理而斗争是人生最大的乐趣。"为捍卫哥白尼的日心说，他在坐牢7年后被教皇活活烧死。在火中他向围观的人们庄严地宣布："黑暗即将过去，黎明即将来临，真理终将战胜邪恶！"最后，他高呼："火，不能征服我，未来的世界会了解我，会知道我的价值。"布鲁诺为真理壮烈牺牲的事实告诉我们，实事求是，是要付出代价的。

以上的事例表明，坚持实事求是是非常困难的，要有勇气，而勇气则首先是来自无私，所谓"无私无畏"，也要有智慧，能够明辨是非，看清、看准事物、事情的本质，即看准"是"，才能有充分的自信、克服从众心理，才会采取有效的、聪明的办法和策略。

> **布鲁诺**
>
> G. 布鲁诺（1548—1600），近代意大利唯物主义思想家。因积极宣传、捍卫哥白尼日心说，受到天主教会的残酷迫害。被宗教裁判所长期囚禁并最终被判处火刑烧死。著有《论无限、宇宙和诸世界》《论原因、本原与太一》。

> **伽利略**
>
> 伽利略（1564—1642），意大利物理学家、天文学家，近代自然科学革命的先驱者。通过科学实验提出和验证了物体运动的惯性原理，提出加速度概念，并用数学方法研究物理学问题，为牛顿力学奠定了基础。用望远镜观测天体，得出诸多重要发现。因坚定支持哥白尼的日心说，受到罗马教廷的迫害，被判处终身监禁。1979年，罗马教廷宣布为伽利略"平反"。著有《关于托勒密和哥白尼两大世界体系的对话》《关于两门新科学的对话》。

用过去反对现在
——先入之见难免

人们常说,在看问题和做工作时要避免带有成见和先入之见,成见和偏见也可以说是先入之见。

首先,我们确实不要带成见去看问题和做工作。所谓成见,就是固定己见,通常指一种以前就有的或者是传统的见解、一种固定不变的观点,成见类似于陈旧之见,或者说类似于陈腐之见,成见也可以说就是陈见。例如,认为"中国运动员在同外国运动员比赛时一定输""南方人一定比北方人聪明"就可能是成见。在历史上,认为"革命一定要从夺取大城市开始"或认为"只有社会主义才有计划,资本主义才有市场"也是一种成见。

为了做到实事求是,我们应当避免偏见。可是,偏见也是先入之见,也是成见,又常常是难于完全避免的,即使是大科学家或技术大师也可能有点偏见。近代原子学说的创始人道尔顿曾怀疑过分子学说;在发明和应用电上有巨大贡献的爱迪生因为自己应用的是直流电而反对应用交流电,甚至解雇了主张应用交流电的工程师;在技术上主张碱性炼钢的人同主张酸性炼钢的专家间也有过争议;熟悉水力、火力发电的专家可能反对核电,理由是核电不大安全。我们(包括大学生)也要防止把自己的特长变成偏见。

把任何一种观点和看法固定化、绝对化,使之成为成见,都是不可取的,因为世界上的一切事物都无时无刻不在变化着,根本没有一成不变的"成物"。因此,作为反映各种事物的人的观点和看法,在任何时候也不应当有一成不变的看法,不应当有什么成见,我们对人对事都不能有绝对化的思想观点。

成见要不得，成见应该改变或抛弃，那么，是不是可以有先人之见呢？事实上没有先人之见是不可能的。有一种意见认为，在我们看问题之前，例如在调查研究之前，我们的头脑中不仅不应当有什么成见，也不应当有一点先人之见，一切观点、意见、看法都应该产生于调查研究之后，而不是调查研究之前。但是，先人之见又是难于避免的，人们不可能在看事情之前就头脑空空，不可能在调查研究之前就没有任何一点想法，至少在进行调查研究之前就要有调查的目的和对调查结果的大致设想，完全没有调查目的调查研究是不可能设想的。西方一些哲学家多次讲到，虽然理论观点应该形成于观察之后，但人们在观察之前头脑里是不可能完全没有任何想法和观点的，用他们的说法这就是"理论先于观察"，虽然这些西方哲学家也提到先见是有危险的。

　　实际上，人们在进行任何一项认识活动（例如调查研究或科学实验）之前，头脑里不可能是一片空白的，他必然会有自己在已有的生活积累、过去长期受教育或从前辈那里得到的知识，以往长期生活经验和工作经验形成的看法或接受某种理论得到的观点，以及基于自己利益产生的希望。这些都可以说是先人之见，或者用一些西方哲学家的说法，是"理论先于观察"，虽然他们也认为这又是有危险的。典型的是我国的"四清"运动中的所谓蹲点调查，虽然规定的是不要先有框框，一切从实际出发，可实际上已经确定了"四清"的目的是解决"党内走资本主义道路的当权派，反修、防修"的理论，就已经是"理论先于观察"，也就应了"是有危险的"。所谓先人之见，大都是人们已经形成的一些观点，因为有这些观点而看不惯新的、后出现的事实，他们通常以为现在不如过去，今不如昔，用过去包括已有的理论观点否定和反对现实，包括用前人讲的话怀疑后来人。

先入之见不仅难于避免，先入之见先于观察和实验，在不少情况下，还可能要求有尽可能多、尽可能完善或尽可能好的先入之见，例如在科学实验之前要尽可能详细制订包括实验目的、实验方法、实验预期结果的实验方案。人们在调查一个人是属于好干部还是腐败分子时，头脑中总要先有什么是好干部，什么是腐败分子的标准，如果在事先没有这样一类的观点，他在调查中就可能把仅忙忙碌碌工作的人作为好干部（这时，他仍然是在调查之前就有先入之见，只不过他的先入之见就是认为好干部），人们可能用他以前接受的观点排斥后来出现的观点，用前人讲的话反对后来人的话。例如，一些人习惯于认为社会主义是没有市场、没有雇工剥削、没有贫富不均的，而现实生活中这些都有，因此认为现在不是社会主义，甚至说什么中国特色社会主义是资本主义。

既然先入之见难免，我们在认识事物（例如调查研究和科学实验）前就莫如使我们的先入之见尽可能正确一些、尽可能周全一些，例如在调查研究前把调查研究的目的、要求、指导思想、步骤、方法等研究讨论清楚，在科学实验前制订尽可能详细的实验方案和计划。

但是，毕竟因为我们在认识事物前难免有先入之见，这种先入之见就难免影响调查的结果，包括难免带着先入之见的框框进行调查，难免将调查结果套入先入之见，难免把某种先入之见看作是调查结论，这种情况也是屡见不鲜的，这就是实事求是的困难。

人们在认识事物前，头脑中难免有成见或先入之见存在，但并不说明实事求是就是根本不可能的，问题是调查研究或科学实验必须认认真真地进行，而且，人们必须要把自己的先入之见与调查的结果相比较，用认真进行的调查结果和实验结果修正原来的先入之见。例如，人们可以在考察某干部前就有"59岁的干部容易成为腐败分子""此人很可能是腐败分子"的先入之见，但如果调查结果表明被考察者并不腐败，就应当否定原来的先入之见。

先入之见或成见也可以说是主观上的习惯思维，或者说是保守，它把人控制在一个固定的思维空间，使你看不到新的外部世界，当然也就难以做到实事求是，并成为创新的一大障碍。

有先入之见并不可怕，严格说有成见也不可怕，问题只是，人们要敢于和善于及时修正自己的先入之见或成见，克服保守的习惯思维，这就需要勇气。

文章总是自己的好
——自以为是难免

实事求是，从本质上说，就是要尊重客观事实，尊重真理，明辨是非。事实上，只有人的认识、设计、操作等才有是非之分，客观事实本身无所谓是非。我们可以说有错误操作或错误设计的电视机，但不能说我们看了错误的泰山或看见了正确的月亮，泰山和月亮本身无所谓正确或错误。而播放泰山和月亮的电视机屏幕则可能有错误，人工事实会有错误。

自以为是是难免的，人们说话、做事、走路，总会认为自己是对的才会去说、去做、去走，假定（当然只是假定）一个人设想他走的路是错误的，写的每句话、每个字都是错的，他就不能走路，不能发表演说，不能写文章。人们常说要自以为非，事实上，自以为非是更困难的，正像有人说的，文章还是自己的好。

我们当然要明辨是非，所谓"是"就是正确的东西，它有着自己的客观基础和实践标准。只能有客观上的是，不能自以为是。当然，自负的人与自卑的人是有不同的，自卑的人并不认为自己的文章就好。

人们有时也会说一个人要自以为非，不要自以为是，但是，在社会问题上自以为非更是十分困难的（除非是非常自卑的人）。自以为是的人说话做事，通常会认为自己的想法、做法是正确的，甚至是唯一正确的。申笑梅、王晓岩曾经编写了一部《自以为是的故事》（沈阳出版社，2002年），其中包括一百多个故事。可见自以为是的人和事还是不少的。《自以为是的故事》就是告诫人们不要总是自以为是，而在通常情况下，人们总不会明明知道自己的看法错了还极力坚持而不放弃，常常是明知自己走错了路，还继续走下去，总是自以为正确嘛！

在自然科学史上也曾有个别科学家自以为是地坚持错误的学说。在17世纪末到18世纪初，德国化学家施塔尔（Georg Ernst Stahl，1660—1734，德国医生和化学家，他曾经是炼金术的崇拜者，但后来改为学医）等人提出了燃素说，他们认为"一切与燃烧有关的化学变化都是物质吸收燃素和释放燃素的过程"，认为一切可以燃烧的物质由灰和燃素组成，物质燃烧后剩下来的是灰，而燃素本身变成了光和热，散逸到空间去了。这样，物质燃烧后质量应当减轻。按照这一假说，金属煅烧的过程是释放燃素的过程，因此重量应该减轻。但是在实践中发现，金属煅烧后，重量增加，这与燃素说是相矛盾的。1774年8月，英国科学家普利斯特里（Joseph Priestley，1733—1804，英国著名的化学家）在用一个直径达一英尺的聚光透镜加热密闭在玻璃罩内的氧化汞时得到了一种气体，他发现物质在这种气体里燃烧比在空气中更强烈，他称这种气体为"脱去燃素的空气"。同年10月，他到法国化学家安托万-洛朗·拉瓦锡（Antoine-Laurentde Lavoisier，

1743—1794，法国化学家、生物学家）那里拜访，而拉瓦锡正在研究磷、硫以及一些金属燃烧后质量会增加而空气减少的问题，正在对燃素理论发生极大怀疑，听了普利斯特里的实验，他意识到普利斯特里实验的重要性，立刻重复了普利斯特里的实验，以后又做了大量实验，根据这些新的实验事实，1775年，他将普利斯特里所谓的"脱去燃素的空气"命名为氧气，1777年，提出了"燃烧是可燃物与氧气发生化合作用"这一新假说（氧化学说）代替了燃素说，揭示了燃烧过程的本质。氧的发现，燃烧的本质终于被揭示，从而也宣告了燃素说的完全破产。但也有坚持和固执己见的，他就是约瑟夫·普利斯特里，由于他是燃素说的信徒，所以他将他自己发现的新气体称为"脱燃素空气"（实际上是氧气），一直不接受拉瓦锡的理论，终身坚持错误的燃素说。

自以为是的固执己见常见于权威。典型的事例是国际化学界权威对1884年瑞典的青年学者阿伦纽斯（Arrhenius，1859—1927，瑞典化学家）提出的电离理论的围攻。在此前，电化学和溶液理论的研究已经取得了不少重要成果，英国化学家尼柯尔森（Nic-holson，1753—1815）和卡里斯尔（Carlisle，1768—1840）最先发现溶液具有导电性，他们把两根铂丝的一端放在不很纯的水中，而把两根铂丝的另一端连接电池的两极，发现两极上都有气体出现，据检验负极上是氢气，正级上是氧气。他们在1800年发表了实验结果。后来，英国化学家法拉第将分解前的物质称为电解质，把电流进入溶液的极叫做阳极，把电流从溶液出来的极叫做阴极。他认为，在溶液中电流是由带电荷的分解物运送前进的，他把这样的运输物叫做离子，意思是说这种物质是用电经分解出来的。其中带正电荷向阴极移动的离子叫做阳离子；带负电荷向阳极移动的离子叫做阴离子。他们也都认为离

子是通电流后产生的，相信电解质只有极小的离解度，认为在常温下溶液中的分子不可能大量地离解。这样就还未能揭示出电解质溶液的本质，阻碍了化学的发展。1882年，瑞典的青年学者阿伦纽斯在前人成果的基础上进行了溶液导电性的研究。他在实验中发现，氨气本身虽然并不导电，然而其水溶液却可导电，而且溶液越稀，导电性越强，他对这一现象进行了深入的理论分析。他认识到，要想得到解释，就必须打破流行的传统观念，解释为溶液中的电解质在无外界电流的作用下，就可以存在两种形态，即非活性（分子）态和活性（离子）态。当溶液稀释时就可以使前者更多地转化为后者，从而使导电度增强。他撰写出科学论文，准备进行博士学位的答辩。1884年，他在此基础上发表了题为《电解质的导电性研究》的论文，公开提出了电离学说，但当他满怀希望想得到母校

法拉第

M.法拉第（1791—1867），英国物理学家、化学家。靠自学成才，被誉为19世纪最伟大的实验物理学家。发现电磁感应现象和电磁感应定律，在科学史上首次提出"场"的概念。还有发现电解定律等诸多物理学和化学领域的重要成就。

瑞典乌普萨拉大学的克列夫（Cleve，1840—1905）教授的支持和帮助时，克列夫却嘲笑他"鼻子伸到了不该去的地方"，在博士论文答辩时不仅克列夫反对，而且一些化学、物理教授也持反对态度。

阿伦纽斯在1887年又发表了题为《关于溶质在水中的离解》的论文，其中引用了更为精确的实验结果，并以"电离"和"电离度"等明确的概念代替了"活化"和"活化系数"等不大明确的概念，对电离学说进行了比较全面、系统和深入的阐述和论证。至此，一个具有科学创见的新学说终于形成了。

但是当1887年电离理论正式发表时更有包括曾经发现了周期律的门捷列夫等权威的反对，而主要原因是阿伦纽斯的电离理论不符合当时在科学家们当中流行的理论。尔后不屈不挠的阿伦纽斯继续坚持电离学说，它不仅又为许多科学家的研究所证实，而且得到一些著名的物理学家的支持，克服了一个个困难，最终取得彻底胜利。电化学的电离学说的作用还远远超过了化学学科本身的界限，它进一步沟通了化学和物理学的联系，促进了物理学的发展。它还有力地指导了制碱、制氯、熔盐电解和有色冶金等生产实践，使化学工业和冶金工业取得了重大进展，被证明是"在现代科学一切部门中都是适用而有益的"。因此，有的科学史家把电离学说视为19世纪科学发展中的"最大总结之一"。1903年，阿伦纽斯荣获诺贝尔化学奖。在阿伦纽斯获得诺贝尔奖后，克列夫说："这一新的理论是在困难中成长起来的。那时化学家不认为它是一种化学理论，物理学家也不认为它是一种物理学理论。但是，这种理论却在化学与物理学之间架起了一座桥梁。"他还认为阿伦纽斯与贝采里乌斯（Jns Jakob Berzelius，1779—1848，瑞典化学家、伯爵，现代化学命名体系的建立者，硅、硒、钍和铈元素的发现者，与道尔顿和拉瓦锡并称为现代化学之父）是瑞典的骄傲。他在纪念贝采里乌斯的讲演会上说:"从贝采里乌斯肩上卸下的斗篷,现在已经由阿伦纽斯戴上了。"这一典型事例,真是验证了"经验的一半是失误,权威的一半是过去"的说法。

人们对事物的认识在不断发展,"认定"常常就是看不到这一点而坚持自己的观点,尤其是自己的研究结果,显然不是科学的态度,却时常发生。例如,在化学家道尔顿发表原子学说的第二年即1809年,化学家约瑟夫·路易·盖·吕萨克(Joseph Louis Gay-Lussac,1778—1850,法国化学家和物理学家)将自己做的化学实验结果与原子学说相对照,认为原子学说所说的化学反应中各种原子以简单数目相结合的论点,可以用自己的实验予以支持,于是他提出了一个新的假说:"在同温同压下,相同体积的不同气体含有相同数目的原子",即气体化合体积定律。他认为这一假说是对原子学说的支持和发展。没想到,道尔顿坚决反对这个假说,因为他认为:1.不同元素的原子大小不会一样,其重量也不一样,因而相同体积的不同气体不可能含有相同数目的原子;2.原子学说认为化学元素是由原子组成,而原子是不能再分割的最小的粒子,倘若相同体积的不同气体含有相同数目的原子,则1个体积的氮与1个体积的氧化合为2个体积的氧化氮,则每个氧化氮原子中只能有半个氧原子和半个氮原子,这当然是不可能的。同时道尔顿也认为,只有性质相异的要素可以互相结合,性质相同的要素间只有互相排斥(所谓同性相斥),从而也认定两个性质相同的氢原子不可能结合成为氢分子,所以只能是$2H+O=H_2O$,即两个容积氢原子和一个容积氧原子结合只能得到一个容积的水蒸气,但盖·吕萨克的实验得到两个容积的水蒸气,所以认为他的实验也不对。他极力反对盖·吕萨克提出的假说,甚至否定他的实验,引起激烈的争论。直到1811年,阿伏伽德罗仔细考察了盖·吕萨克的实验和假说，发现他和道尔顿的争论之所以相持不下，矛盾无法解决，关键在于没有指出分子的存在，他根据盖·吕萨克的实验事实，进行了合理的推论，指出"在气体情况下，包含在同一体积内同一数量的粒子不都是原子，其中有原子结合体（原子群）"，阿伏伽德罗将它们称为分子，从而建立了分子论，即盖·吕萨克的假说为"在同温同压下，相同体积的不同气体含有相同数目的分子"，阿伏伽德罗的分子论解决了道尔顿和盖·吕萨克的争论。但是限于科学发展的水平等原因，虽然阿伏伽德罗一再阐述他的分子论内容，但直到他 1856 年去世，也没有得到化学界的重视。而在原子论发表后，测定各元素的原子量就成为化学界的热门，由于不承认有分子，所以化合物的原子组成就难以确定，原子量的测定数据呈现一片混乱，化学家纷纷要求召开一次国际会议。1860 年 9 月，在德国卡尔斯鲁厄召开的国际化学会议上，由意大利年轻化学家康尼查罗散发和宣讲了他论证分子学说的《化学哲学教程提

阿伏伽德罗

A. 阿伏伽德罗（1776—1856），意大利化学家。提出阿伏伽德罗假说，即"同体积的气体，在相同的温度和压力下，含有相同数目的分子"，后被证实，被称为阿伏伽德罗定律。以他的名字命名了 1 摩尔物质的分子数 6.0221367×10^{23}，称为"阿伏伽德罗常数"。

康尼查罗

S. 康尼查罗（1826—1910），意大利化学家。发现苯甲醛和碱液反应生成苯甲醇和苯甲酸，即"康尼查罗反应"。发表《化学哲学教程提要》，阐释化学基本理论问题。

要》论文,直到这时才引起化学界对阿伏伽德罗的分子论重新认识,并把原子理论和分子理论统一起来,建立了原子—分子理论。

自以为是常常表现为"认定",如认定革命必须从夺取大城市开始,认定一切知识分子都是资产阶级知识分子,一定是异己力量,认定许多干部就是"走资本主义道路的当权派"。几十年来,我国在极左思想的"认定"下所造成的种种后果是非常严重的。

自以为是,有认识上的原因,它类似于成见,也有社会性的原因和利益方面的原因,例如认为对自己得到利益和巩固地位有好处的就是正确的,否则就是错误或反动的。

心脏是一个泵
——求真求是

实事求是的困难不限于上面讲到的那些方面,还在于这里的"求"字。事实和实事并不是理论,经验并不就是真理,"求"就要从大量的经验事实中找到理论性的东西,从纷繁复杂的经验中找到真理。为了这个"求",就需要正确地运用去伪存真、去粗取精、由此及彼、由表及里的抽象概括,而这也是很不容易的,运用同样的经验材料,在不同人那里,可以做出价值相差甚大的理论性结论,正像要鉴定一件古代的文物那样,鉴定的结果可能是正确的,但也可能将一个赝品误认为是一件宝物,关键就是愿意或不愿意以及敢不敢和会不会做去伪存真、去粗取精、由此及彼、由表及里的抽象概括,得到理论性结论,大理论家就是能做也会做这样的工作。

科学史中去伪存真的实例也相当多,例如16世纪末,英国医生哈维对统治欧洲上千年的盖仑学说产生怀疑。按照盖仑学说,血液产生于肝脏,存在于静脉,从心脏输出,进入动脉,动脉是送血的,而不是送空气的(亚里士多德的错误观点),静脉系统与动脉系统是无关的。要知道在哈维之前,比利时医生维萨里认为盖仑的理论是错误的,而后西班牙医生、宗教改革者塞尔维特提出了血液是在心肺之间循环。然而前者被宗教裁判迫害致死,后者因他的医学学说和出版的《基督教的复兴》一书被当作"异教徒",活活烧死在日内瓦。在此情况下哈维却大胆提出假说,通过对40多种动物亲自解剖并记载,又经过对人体的反复实验,去伪存真,发现心脏就像水泵那样工作。那个年代,还没有显微镜,只有一个手持放大镜,只有简单的解剖工具,在此背景和条件下,哈维通过大量的亲自的实验、对比,抛弃盖仑等前人的一

哈维

W. 哈维(1578—1657),英国医生、生理学家、胚胎学家。曾任英国国王御医。在医学史上首次正确阐述了人体血液循环机理,并解释了肺循环。著有《心血运动论》《论动物的生殖》。

盖仑

C. 盖仑(129—199),古罗马医学家、哲学家,西方解剖学的奠基人。曾任罗马帝国皇帝的侍医。在解剖学方面有深厚造诣,并在当时的认知基础上,提出了系统的医学理论。他的理论和学说被中世纪教会神圣化,只是到了文艺复兴之后才被更多的人质疑。著有《论解剖操作程序》《论医学经验》《论自然力》等。

维萨里

A. 维萨里(1514—约1564),弗兰德斯(今比利时、荷兰、卢森堡)医生,人体解剖学家。曾任西班牙国王的侍医。通过大量人类尸体解剖研究人体结构,纠正了古罗马盖仑的多处错误,奠定了近代人体解剖学的基础。著有《人体构造论》《解剖图谱六种》。

些观点、理论，最终推翻了盖仑学说，创立了血液循环理论，使生理学更加科学化。哈维的成功就是靠勇气、大量的实验、去伪存真才得到的，他不愧为近代实验生理学奠基人。

再补充前面所说的行星运动三定律的发现和确立，更是去伪存真、由表及里的典型。被称为"星子之王"的第谷·布拉赫（Tycho Brahe，1546—1601，丹麦天文学家和占星学家。生于克努兹斯图普，今属瑞典）在天体观测方面获得不少成就，死后留下20多年的观测资料和一份精密星表。他的助手开普勒（Johannes Kepler，1571—1630，德国天文学家）在艰难的条件下（他的眼睛高度近视、一只手半残疾），利用这些观测资料和星表，进行新星表编制。然而按照正圆轨道来编制火星运行表一直行不通，经过一次次分析计算（应该包括去伪吧），开普勒发现，如果火星轨道不是正圆，而是椭圆，矛盾就可能解决，经过长期细致而复杂的计算以后，他终于发现：行星在通过太阳的平面内时是沿椭圆轨道运行，太阳位于椭圆的一个焦点上（存真），这就是行星运动第一定律，又叫"轨道定律"。当开普勒继续研究时，火星轨道还是有问题，原来，开普勒和前人都是把行星运动当作等速来研究的，他按照这一方法苦苦计算了一年，却仍得不到结果。后来他发现，在椭圆轨道上运行的行星速度不是常数（求真），而是在相等时间内，行星与太阳的连线所扫过的面积相等，这就是行星运动第二定律，又叫"面积定律"。1601年，他发表了行星运动第一、二定律，而后，又经过9年努力，找到了行星运动第三定律：太阳系内所有行星公转周期的平方同行星轨道半径长的立方之比为一常数，这一定律也叫"调和定律"（得真）。开普勒发现的行星运动定律改变了整个天文学，彻底改变了克罗狄斯·托勒密复杂的宇宙体系，完善并简化了哥白尼的日心说，为牛顿发现万有引力定律奠定了基础。

在科学史上，总要先有一个以收集材料、积累经验为主的阶段，然后，才过渡到以整理分析材料为主的阶段，对个人来说也是如此，大学生及刚从大学毕业的年轻人要主动多做收集材料的事情（包括多做实验和试验），这样会有利于以后的工作。

> **托勒密**
>
> C. 托勒密（Claudius Ptolemaeus, 英文 Ptolemy, 90—168），古希腊天文学家。总结了古希腊天文学的成就，在前人工作的基础上系统论证了天体运动的地球中心说，后世以他的名字命名了地心体系。著有《天文学大成》13卷、《地理学指南》8卷和《光学》5卷。

总之，"是"都是要"求"来的！

如果仔细地思考实事求是难的问题，我们还可以得到以下的结论：实事求是与代表人民群众根本利益是完全一致的，能够做到实事求是和从实际出发，就能够代表人民利益，代表人民群众的根本利益，不实事求是，常常会违反人民利益，只顾个人或小集团的利益，就不可能真正做到实事求是。虽然也可能动机是好的，但由于不从实际情况出发，不实事求是，而给人民带来巨大的灾难。唯物主义与利益原则是统一的，从实际出发与从人民群众根本利益出发不是对立的而是统一的。这也可以说是唯物主义的利益原则。

2009年2月下旬，巴黎举行了一次颇有特色的"中国与西方知识分子高峰会"，讨论中国发展模式及其国际影响。讨论的一个焦点是中国改革开放30年有没有形成自己独特的模式和理念，著名政治学者、瑞士日内瓦大学亚洲研究中心高级研究员张维为发表了题为《"实事求是"让西方民主难以忽悠中国》的演讲。他说："中国30年巨变背后有七个独特理念，即实事求是、和谐中道、民生为大、整体思维、政府是必要的善、励精图治的良政、政绩合法性,其中最核心的是'实事求是'。这些理念不仅改变了中国,而且可能会影响这个世界的未来。"他强调指出:"中国依照实事求是的理念,强调了一切理性活动都需要通过社会实践来检验,而检验的标准是这些活动是否有利于人民的整体利益。正因如此,在'实事求是'指导下的中国崛起,没有像欧洲崛起那样给世界带来战争,而是带来了和平与发展的大量机遇。"

他还说:"这个理念使中国成了世界上意识形态偏见最少的国家之一,使中国能大胆地借鉴别国在现代化建设过程中的一切经验,从而大大推动了中国方方面面的进步。这个理念也使中国保持了清醒的头脑,因为中国从对事实的检验中发现:在发展中国家实现现代化方面,苏联的集权模式没有成功,西方的民主模式也没有成功,中国因而决定大胆地从实际出发,探索自己的发展道路,整个国家的命运也因此而改变。"(引自2009年5月21日人民网:《"实事求是"让西方民主难以忽悠中国》)

张维为在这里强调了一切理性活动都需要通过社会实践来检验,而检验的标准是这些活动是否有利于人民的整体利益,这就体现了中国共产党"立党为公""执政为民"的宗旨,这个宗旨是以集体主义价值观为核心,心甘情愿地全心全意为人民服务;心系群众,服务人民;情为民所系,权为民所用,而唯有这样的价值观才能坚持"实事求是",才能愿意"实事求是",敢于"实事求是",才能有为人民利益不怕牺牲个人一切的大无畏精神。中国共产党把"实事求是"作为自己的思想路线,既是对其科学的认识论内涵的自觉坚持,也是对其高尚的价值论内涵的自觉选择;既是对中华民族优良传统的自觉继承,也是对马克思列宁主义基本立场的自觉维护。

为了真正做到实事求是，我们必须要求各级领导干部愿意和能够制造民主、平等的环境、氛围，能够和愿意接近群众，能够和愿意听真话，各级干部能够讲真话。如果不能做到这些，那么也就根本谈不上实事求是。

　　最后还可以说一下，实事求是是追求真理的手段，不是目的，对于某些人，例如对于从商的人，并不要求或追求真正的实事求是，因为他们追求的不是真理，而是最大利益。这也值得我们警惕。

第四章
"眼见为实"和"存在就是被感知"
——物质和意识

从哲学上讨论实事求是,讨论物质和意识,比较复杂,但是对于普通劳动人民,对于普通老百姓,却没有这么复杂的问题,农民不会怀疑自己使用的牛、马是身外的真实存在,不会认为水稻、麦子的生长是不依赖于自己的希望和想象的过程,工人也不会认为自己用"感觉的复合"来切削钢料,一般人也不认为自己只吃色、香、味而不吃实体性的米饭、馒头,普通人相信世界是在他们身外并不依赖于他们的感情和感觉而存在的,他们是朴素的唯物主义者。

朴素唯物主义是好的,但它缺乏理论的论证,也经不起唯心主义的攻击,例如不能分辨关于"眼见为实"和"存在就是被感知"等观点。讨论是否"眼见为实"和是否"感知就是存在"具有重要意义,因为哲学要回答的一个基本问题就是物质、存在、事实同意识、感觉、思维等的关系问题。

人们认识存在于自身外部的物质世界或对象首先是通过感觉,感觉是外部的物质对象作用于人们感觉器官(眼、耳、口、鼻、身等)时经过神经系统的信息加工所产生的对该刺激物个别属性的反映,是物质的刺激向意识的最初的转化，是客观世界的主观映像，形式是主观的，内容、源泉是客观的，反映客观实在，是意识和外部世界的直接联系，感觉是感性认识的最初级形式。

意识（包括感觉、思想等）是人类特有的大脑对客观世界（或客观存在）的主观映像或反映，人脑是意识的物质器官。人类的意识是一个形式极其多样、结构极其复杂、变化极其微妙的精神世界。从形式上看，人的意识有心理的、感性的和理性的等多种层次，每一层次上的形式更是多种多样的，下意识、无意识、感觉、知觉、表象、欲望、动机、想象、情绪、情感、灵感、概念、判断、推理、理论、目的、信念、信仰、意志，等等。从内容上看，人的一切意识形式都联系着一定的意识内容。总之，人的一切意识，无论正确的意识还是错误的意识，都来源于客观世界，其内容都是客观的，即对客观对象的反映。意识是人脑所特有的。意识的一个重要特性是能动性，也就是说，意识是对物质的能动的反映。动物也有感觉，至于动物对外界的反映是否是意识的问题是生物学家还在研究的课题。

如何认识物质（事实、存在）和意识（感觉、知识）的关系，在哲学上有很重要的意义，哲学上的一切问题都与如何认识这个问题有关，可以认为，物质和意识的关系，是哲学理论的基本问题，这个问题的解决与如何认识心物关系、如何认识眼见同事实的关系密切联系。

意识是与物质既相对立又相统一的精神现象。意识是由物质派生的，在任何时候都不能离开物质而独立存在，本质是高度组织起来的物质，即人脑的机能和属性，是社会的人对客观存在的高级心理反映形式，是客观存在的主观映象。但是，我们不能像庸俗唯物主义那样把意识是大脑的机能理解为意识是由大脑分泌出来的，好像肝脏分泌胆汁那样，意识是物质的反映，意识本身却不是物质实体，意识没有形状、没有重量也没有颜色。认为物质分泌意识，是庸俗唯物主义。意识总是与人们想一想有关，不想或来不及想就凭长期形成的习惯做动作，乃是"下意识"，一些乒乓球运动员打球时就可能运用了"下意识"。

马克思主义哲学认为，物质是标志客观实在的哲学范畴，是对一切可以从感觉上感知的事物的共同本质的抽象，它既包括一切可以从感觉上感知的自然事物，也包括可以从感觉上感知的人的感性活动即实践活动，这种客观实在独立于我们的精神而存在，为我们的精神所反映。

物质客观存在于我们的感觉和意识之外，我们要通过感觉和意识认识客观世界，而能否真实地反映和认识客观世界，则与人们所持的态度或方法有关，而且最终是否能正确地认识客观存在的世界或事物则只能由实践来检验。这里就存在着两种截然不同的情况，也就是两种世界观，一种是相信客观存在、相信实践，一种是只相信感觉。眼见为实就是只相信自己的眼睛，只相信自己的感觉；"存在就是被感知"更认为是自己的感知决定世界和事物是否客观存在。

耳朵真能认字吗
——"眼见为实"

人们相信眼见为实并不奇怪，人们常说"百闻不如一见"和"耳听为虚，眼见为实"，的确眼见是人类认识和观察世界的基础，唯物主义哲学需要承认"观察的客观性"，强调一切通过实验，认为眼见到的东西不是虚无，而大体是实际存在的东西，值得讨论的是，我们可以说眼见到的东西很可能有实在性，但我们能够说眼见就等于存在，不眼见就等于不存在吗？能说眼睛没有看见的领域是这样或那样的，不能说"眼不见为净"，我们也不能把眼睛没有看见的领域简单地说成是虚无或没有，就像眼睛没有看见细菌就认为没有细菌存在。实际上，空气污染往往是眼睛看不见的，但这并不能够否定细菌和空气污染的客观存在，难道真正有眼不见为净？

辩证唯物主义承认"观察的客观性"，承认眼见是人类认识世界和观察世界的基础，在一定意义上"耳听为虚，眼见为实"这句话本身是对的，只是我们不能将眼见为实绝对化。我们也注意到，在科学研究中，有时需要把假说、推测变成可观察的量，来证实结论的正确，例如观察日食和月食来证明天文学的预见，不正是遵循了眼见为实的原则吗？但是仅以"眼见为实"为指导而受骗的事情并不少，"气功治病"我们不是亲眼见了吗？我们有的哲学家不是也亲眼见过"耳朵识字""眼睛透视"的"事实"吗？这时，人们已经对眼睛和耳朵的基本功能产生怀疑，完完全全相信了"眼见为实"的骗局。由于相信"眼见为实"，不少人亲自作了"调查"，竟然提出"水变油"是我国的第五大发明的荒唐结论。固守眼见为实的观点，就会认为魔术师真把纸片变成金鱼，把绸布变为鸽子，以至怀疑魔术师有特异功能。而连魔术师自己也并不承认他们有特异功能，这些只是魔术师手快的表演，并不真正是事实。固守眼见为实的观点就会相信有些人真有特异功能，难道人真有特异功能吗？

科学实验必须遵循一套严密的程序和规范。针对眼见为实，科学实验至少具有四个特征。第一，科学实验是和科学原理逻辑结合在一起的。第二，科学实验是可以接受检验的。一个科学发现的原创成果一旦发表就要接受科学界的检验。第三，科学实验是可以重复的，科学实验是探求事物或现象间的因果联系，反映的是客观事实。所以，无论是什么人来做，都会重复做出相同的结果。第四，科学实验方案的制订，实验设计，实验过程和手段，实验结果的分析整理、评价、解释等都是公开的（除了保密的需要）。科学实验不需要采取特殊的防范措施，而且非常欢迎科学界的参与。具备这些特征的科学实验正是我们手中戳穿形形色色骗局的利器，这和人们亲眼看到魔术师把纸片变金鱼，把绸布变为鸽子是完全不同的，是和一些所谓特异功能的表演完全不同的。前面已经说过，许多的事物都有假象和真相，人们也常会看到事物的假象，眼见为实就会很容易相信假象。

虽然人类一直以来都渴望有一双火眼金睛的"慧眼"，只用眼睛就能把客观一切看得"清清楚楚明明白白真真切切"，实际上大量的事实都已经证明，眼见真不一定为实。领导干部天天看见自己的部下勤勤恳恳工作，就认为是好干部，而实际上他却没有看见他的部下正是一个腐败分子。我们天天亲眼看见太阳从东方升起从西边落下，基于眼见为实就认为太阳是绕着地球转，这当然是不对的，事实上却是地球绕着太阳转。

此外，我们还要注意到人们的视觉有时会出现偏差，如错觉甚至幻觉，都不是眼见为实。

固守"眼见为实"，使我们无法分辨现象与本质，无法分辨真理与骗术，无法分辨科学与伪科学，总之，我们不能太相信自己的"眼睛"。实际上人们在看魔术时受骗的不是他们的理性，而正是他们的感觉，他们的眼睛。

新闻工作者以"眼见为实"容易发生误报，科学工作者过分相信"眼见为实"也容易分不清现象与本质，从而导致研究工作失败。

"眼见为实"的谚语同西方理学家贝克莱讲的"存在就是被感知"

大体上是一个意思。"眼见为实"不仅是我们中国人常说的谚语，而且我们还认为它非常有理，常常成为辩论成败的依据："这事我亲眼见嘛"，似乎"亲眼见"就是绝对无误，就绝对是事实，而如上述，亲眼见并不等于真正的事实。

我们讨论"眼见为实"，并把"眼见"与"为实"分别开来，这里可能有以下一些关系：1.眼见就为实；2.眼见不为实；3.不眼见而为实；4.不眼见就不为实。在这些关系中，显然，2、3、4三种是不大可能的，眼见有人盗窃而说该人事实上没有盗窃，属于包庇，没有看见就说某人盗窃可能是捏造，没有看见盗窃就认定没有过盗窃，属于想象。值得注意的则是"眼见就为实"，因为这里没有包庇、没有捏造也不仅仅是想象。但正如我们上面讨论的，这一点也不是总能成立。眼见为实和眼不见为净本质上都是以自己的感官决定事物的存在与否。眼不见为净，只要自己的眼睛没看见，物体上的脏东西就不存在；自己的眼睛没看见的就没有实物存在。

有人从哲学意义上，将眼见为实中的"实"，分解成"形式上的真实"与"实质上的真实"，一般看到的是"形式上的真实"，但不一定是"实质上的真实"，因为种种原因，如年龄、性别、种族等因素影响了我们对"实质上的真实"的认识。"形式上的真实"具有极强的欺骗性，人们受骗上当常常是因为"形式上的真实"。因此，"形式上的真实"不是最终的真实，仍表现为一种"虚幻的真实"，所以还是一种"虚"。我们认识的全部目的就是通过"形式上的真实"达到"实质上的真实"，而"实质上的真实"才是真正意义上的"实"，就是形式与内容相统一的"实"。

天下何处有万物
——"存在就是被感知"与客观存在

介绍了"眼见为实",我们接着就谈著名的"存在就是被感知"的观点,因为它们本质上是一致的。"存在就是被感知"是英国主观唯心主义的代表乔治·贝克莱(George Berkeley,1685—1753,又称为贝克莱主教)的代表性观点,贝克莱认为"一切可感知的性质都是颜色、形象、运动、气味、滋味,等等。那就是说,它们都只是感官所感知的一些观念",是"感觉的复合"或"观念的集合",例如对一个圆形的、红色的、有酸甜味的东西我们称它为苹果,所以苹果只是感官所感知的一个观念,是一个观念的集合,既然世界的存在和感觉印象的存在是一样的,因此可以说,存在就是被感知。

贝克莱坚决反对唯物主义,认为根本没有第一性的质,一切知识都是正在经验着或知觉着的人的一种机能,物理对象只不过是我们一起经验到的诸感觉的累积,习惯的力量使它们在我们的心中联合起来。经验世界是我们的感觉的总和。人们的知识本质上是简单观念(心理元素)的结构或复合,由人的联想把它们结合到一起。人们知觉到深处的第三维度也是由于经验的结果,即视觉印象与触觉和运动觉联合起来的结果。他说:"凭着视觉,我获得光和色的观念,获得它们的强弱浓淡和不同种类的观念。凭着触觉,我感知硬和软、热和冷、运动和阻力……嗅觉使我闻到气味,味觉使我尝到滋味,听觉使我听到声音……人们观察到一些不同的观念彼此结合在一起,于是就用一个名称来标志它们,称它们为某物。"贝克莱是把"硬、软、热、冷、颜色、滋味、气味"等作为他的哲学的基础。在贝克莱看来,物是"观念的集合",而他所说的"观念"正是上面列举的那些质或感觉，而不是抽象的思想。

"存在就是被感知"是贝克莱的名言，他反驳唯物主义观点，说道："在人们中间奇怪地流行着这样一种见解：房屋、山岳、江河，一句话，一切感性实物都有一种自然的或实在的存在，这种存在不同于理性所感知的那种存在。"贝克莱认为，怎么能撇开人对物的感知来谈物的绝对存在呢？"因为，上面所说的那些客体若不是我们凭感官感知的物，那究竟是什么呢？我们所感知的若不是我们自己的观念或感觉，那又是什么呢？认为任何观念、感觉或它们的组合能够不被感知而存在着，这岂不是非常荒谬吗？"

他将人对事物的感觉印象与事物本身看作是一回事，并从感觉印象推论到存在就是被感知，同时，贝克莱认为，由于世界的存在就是感觉印象的存在，而世界的存在或感觉印象的存在都离不开感知它们的主体——一个所感知观念的精神实体，即心灵、灵魂或自我，这一精神实体毫无疑问是存在的。观念只存在于这个东西之中，或者就被这个东西所感知，神是永恒的精神实体即上帝。从而把被感知的观念与感知观念的心灵区分开来，并从中证明了精神实体的存在，即上帝的存在。

"存在就是被感知"也是应该被批判的观点，因为它把人的意识、认识，特别是把颜色、味道这些主观感觉的东西说成是世界万物存在的根据，把感知作为世界的本质，认为只有人感知了（如看见了）事物才存在。贝克莱混淆了主观的东西与客观的东西的区别，批判者举例说人们在白天看不见月亮，月亮却不因此不存在，在半夜人们看不见太阳，但太阳照样存在，太阳、地球和月亮是在人们意识以外并且不依赖于人的意识（包括感觉）而存在的，是客观的存在。而且，人的意识还是大脑这块高度复杂、极端精密的物质器官的机能，这些观点充分证明，也被用来论证物质是第一性的、意识是第二性的，物质先于意识，物质世界、客观世界事物的特点和规律性是意识反映的内容，大脑等物质器官是意识活动的物质载体，这些，是颠扑不破的，哪有什么独断论！总之，世界万物是可以被测量、被摄影、被描绘、被感知即被反映的，只有暂时还没有被认识到的事物，没有也不可能有原则上不可能被反映的事物。认为世界上有原则上不可能认识的事物，是"不可知论"。人类对某些声波和电波的识别可能不及一些其他的动物，如猫、狗等动物能够听到音频高于 60000 次／秒的声音；有些动物如猫对地震传播时发出的电磁波的感应非常灵敏，候鸟用地球磁场定位飞行航线，而人的眼睛却看不到，但这些并不能说明不可知论正确，人的肉眼看不见或感受不到的波动，人类却能直接或间接地知道这些波的存在及其特点。不可知论是站不住脚的。

存在在相当长的时间和地方不被感知，是完全可能的，实际上观测也是人类感知事物的一种方式，人们在相当长的时期不能感知某物的存在是完全可能的，人类在过去许多年代用肉眼或天文望远镜都看不见海王星，只是到近代才发现海王星的存在，实际上，一种事物只要存在它就必然会与周围的事物发生光学的、力学的、生物性的相互作用（如反光、吸引、排斥或遗传、寄生），人们迟早会通过这个相互作用认识该事物，这有点像人们说的"要想人不知，除非己莫为"，海王星就是通过它对天王星的力学影响而被发现的。在这里可以引申为，一个事物若想人不知（被感知），除非自己不存在（存在）。任何存在或迟或早、或直接或间接，总是可以而且一定会被人认识的，虽然人类现在的确对奇妙而深奥的宇宙还没有清楚的认识，但通过努力正在逐步揭开它的面纱，世界上没有什么在原则上不能被认识的东西。

第四章 "眼见为实"和"存在就是被感知"——物质和意识 | 061

至于说感知到了却不存在，则更不能成立，就好像看见某人在盗窃，而说他没有盗窃，是荒唐的！

比较困难的是要论证没有直接感知到却说其存在，归根到底，人的一切观念、认识来源于感觉（包括间接感觉，如测量、观测等），人们只能凭感觉到的东西说话。如果任何人对某事物没有任何感觉，我们就不能认为它存在，例如，人们通常会认为自己从来没有看见过上帝而认为上帝不存在；我们也不能说，尽管人们都没有看见过华南虎，华南虎就不存在，没有眼见就说某物存在，人们归根到底只能凭感觉说话，可又肯定说有着感觉以外的、不依赖于感觉的存在，难道说这不是独断或武断吗？一些唯心主义者说唯物主义认为有不依赖于感觉的存在，客观存在在人的意识以外是武断。事实上，正是科学资料说明，感觉依赖大脑，大脑却不依赖于感

海王星的发现

1781年，英国天文学家F.W.赫歇尔发现了天王星。人们用牛顿力学计算天王星的轨道，发现结果与观测不相符，于是推测天王星外侧应该还有一颗较大的行星，其摄动效应影响了天王星的绕日运动。1845年，英国天文学家J.C.亚当斯和法国天文学家U.勒维叶计算出了这颗未知行星的轨道。1846年，柏林天文台根据他们的计算，在预测的位置上发现了海王星。这是科学史上正确的理论指导实践的成功事例。

觉，这有什么独断或武断呢，难道贝克莱等不是用大脑思维的吗？

在哲学上还有人认为，人们的意识不可能反映和认识外部世界，物质世界是人们原则上无法认识的"自在之物"，认为有原则上不可能被认识的东西，就是所谓的"不可知论"。

认为世界是不可认识的，或者至少是不可以彻底认识的，不可知论怀疑、限制或者完全否认人对客观世界的认识能力。其典型代表人物是18世纪英国哲学家休谟和德国哲学家康德。

18世纪英国哲学家大卫·休谟认为人只知道自己的感觉，而不可能知道感觉之外的东西。感觉之外是否还有客观事物存在，这是不可知的。伊曼纽尔·康德虽然承认外部世界的存在，承认人的感觉是外部世界引起的，但是他把客观世界看作不可捉摸的"自在之物"，认为人们只能认识事物的现象，而不能认识"自在之物"的本质。不可知论的错误在于它把感觉看成是隔绝人的主观意识与客观世界的屏障。至今不可知论学说在现代西方哲学中还有很大影响。尽管不可知论一般都回避思维和存在何者为第一性这个哲学基本问题，企图调和唯物主义与唯心主义的对立，凌驾于两大派别之上，但是不可知论把感觉看作唯一的东西，不仅怀疑人的认识的正确性，而且怀疑事物本身的存在。这实质上是以特殊的方式唯心地回答了世界的本原问题。

不可知论特别强调人类认识的有限性，例如人类看不见动物能感知的波动，然而，人类感知能力的有限性，并不能表明和证明不可知论正确。一些动物可以感觉到某种波而人却感觉不到，但人类的眼睛虽然看不见某种波，人类却可以知道某种波的存在和性质，甚至可以利用某种波来为实践服务，例如制造和应用高频波发生器来诊断疾病，这有哪点可以证明不可知论！西方人有句谚语说"布丁（一种食物）的证明在于吃"。人们通过实践可以认识某事物的结构、性质和功能，人们通过实践还可以把自己对某事物的认识变成现实，人们可以根据自己对某事物的认识把该事物制造出来，这怎么能说该事物是不可认识的？人类实践的成功，充分证明人有能力认识客观世界，随着人类实践的发展，尚未认识之物将不断转化为可被认识的"为我之物"。

唯心主义者提出了一套似乎很严格的逻辑：人们的一切观点、一切见解归根到底来自感觉，人们只能靠感觉说话，只能在感觉范围内讲话。既然一切都来自感觉，怎么可能谈论在感觉范围之外又不依赖于感觉的事物？如果一定要说，那一定是武断，是独断论或信仰，

休谟

D. 休谟（1711—1776），近代英国哲学家、历史学家。对人类的"感觉印象从何而来"，即来自于物质世界还是精神世界这个问题，是"存疑"的，从而成为不可知论的代表人物。著有《人性论》《人类理解研究》《宗教的自然史》等。

康德

I. 康德（1724—1804），近代德国哲学家、自然科学家。提出客观实体是存在于人的感觉和认识之外的"自在之物"，然而是不可知的。认为世界存在着基本的矛盾的"二律背反"，奠定德国古典哲学辩证法思想的基础。

提出关于太阳系起源的著名的"星云假说"。他被认为是德国哲学革命的开创者、德国古典哲学的奠基人，在哲学史上有深远影响。主要著作包括《纯粹理性批判》《实践理性批判》《判断力批判》《宇宙发展史概论》《任何一种能够作为科学出现的未来形而上学导论》等。

可能是与感觉无关的，这种说法也有点貌似合理。但是，信仰是多样的，我们信仰共产主义不是没有根据的，是以感性认识（包括感觉经验）为基础的，共产主义的学说和理论不是脱离实际的空想，而是经过一百多年无产阶级革命实践检验的科学真理。所以共产主义信仰是一种科学信仰，而且是将这种信仰作为自己终生奋斗实践目标；信仰虽然不直接依赖于感觉，但不是武断的，而是以正确的理论认识和科学推论为根据的。

有些人对月亮也有自己的"巧妙"回答，他们说，我们在白天当然看不见月亮，但是如果换个地方看，例如在地球的另一面看或在宇宙飞船上看，人们依然可以看见月亮，可见月亮依然存在，在这里，依然有眼见为实或存在就是被感知。

还有一种观点认为，对宏观对象（如星球），人们的观察可以不影响对象的存在状态，但是要观察微观对象（如电子）时，观察手段如光子会改变微观对象的本来状态，因此人们在观察时观察到的是被改变了的存在，而不是也不可能是不依赖于人和人的观察手段、观察方法的客观存在，微观客体在没有被观察、没有被光子作用时是否存在，以什么状态存在是不可能知道的。他们认为，如果人要观察电子的状态和运动，就要用光（光子）去作用于电子，而电子如受到光子的照射，就会改变原来的状态和运动。实际上，他们认为人类对月亮的观察也会改变月亮的原来状态，只不过这种影响很小，可以忽略不计罢了。

存在就是被感知的荒谬还在于，感知有很大的局限性、人为性、个别性、个体差异性和分离性，某些人认为有辣味的食品好吃，另一些人会认为太辣不好吃。人们对颜色的感觉和爱好（喜欢）更是五花八门。如果存在就是被感知，不同的人就会感知到不同的世界，人们就不会有共同的世界、共同的语言，感觉必然有主观性，只承认存在就是被感知，就会是一个人一个世界，人人各有自己的世界，当之无愧是主观唯心主义。

如上所述，在哲学上还有人认为物质和意识是两个彼此独立的实体，认为物质可以不依赖于意识，意识也可以不依赖于物质，正如肉体不依赖于灵魂，灵魂也不依赖于肉体，这就是所谓的"二元论"。二元论企图凌驾于唯物主义和唯心主义之上，调和唯物主义同唯心主义的矛盾。二元论遭到许多人反对，唯心主义哲学家批评二元论不彻底，因为它承认了物质可以不依赖于意识，唯物主义哲学家批评二元论，认为它将意识独立化，把意识看作独立于一定实体，认为意识不是在物质世界发展之后出现，看作不是物质性事物的反映，不是物质器官的功能。二元论在自然科学和脑科学上都是没有根据的。但是，我们否定二元论，却不能否定精神的东西，意识没有完全的独立性，却有着相对的独立性（精神可以对人的行为起作用，可以转化为物质，说明精神有相对独立性）。

曹雪芹写的《红楼梦》，鲁迅写的杂文集，爱因斯坦的著作选和计算机软件，书籍是书店里可以买到的实际存在物，已经出版的著作、小说、软件已经构成可以被买卖、可以被研究的精神产品，它们确实有相对独立性。西方一些学者如英国的卡尔·雷蒙德·波普尔爵士甚至把这个由信息组成的领域即信息领域称为在物质世界（世界一或第一世界）和精神世界（世界二或第二世界）之外的"世界三"（第三世界，即知识世界）。我们可以从这个"世界三"得到新知识，我们也应当探讨与"世界三"有关的种种问题，如编制计算机程序的方法论，如形成理论体系的规则，如各种语言（包括自然语言、多种计算机语言）的相互关系等，以及精神可以变物质的可能、条件和

> **波普尔**
>
> K. 波普尔（1902—1994），出生于奥地利的英籍哲学家。认为科学的重要特征是"可证伪性"，凡是不能被经验证伪的命题都是非科学的。提出"三个世界"理论，将宇宙现象划分为物理世界、精神世界和知识世界。他的科学哲学思想在当代有重要影响。主要著作有《科学发现的逻辑》《猜想与反驳》《开放社会及其敌人》等。

形式。

最后，我们再来分析一下存在就是被感知的观点。我们首先要承认，感知的能力只是高等动物特别是人类才具有的，例如犬类能够识别什么动物是它的同类，什么动物是它的异类，而非生物则没有感知能力（现在的一些科学家研究认为，植物也有一定的感觉能力）。但会感知、能感知的高等动物和人类在历史上并不是从来就有的，在距今几千亿年以前，宇宙只是毫无生气的、纯粹无机的世界或物质世界，物质世界是先于有感知能力的世界的。其次，感知的能力是与神经系统的状况密切相关的，如果神经系统受伤害，如患脑中风疾病，感知能力就会受损或消失，而神经系统肯定不是什么幻觉，而是由细胞组成的物质系统，人用头脑感知，就是发挥这个物质系统的功能或机能。再有，感知（看、听、嗅、摸等）在形式上是主观的，在内容上则是实体外物的反映。连贝克莱都知道并在他的书中写到，如果众人（而不是一个人）都嗅到了酒的气味，就是酒的存在，实际上，贝克莱已把感知（气味）与作为实体的酒作了区分，人们嗅到的香、臭、酒味，是感官来的、是主观的，而鲜花、垃圾、酒则是实体的存在。酒是液体，可以喝，而酒气（感知）则不是液体，也不能喝，感知要以某种实体或实际存在的对象为内容。这三点（物质先于意识，意识是物质的机能，感知有实体的内容）就是物质第一性和意识第二性，就是唯物主义。而眼见为实、耳听为实和鼻嗅为实，以及存在就是被感知等，都不可取。人们有了感知，就可以通过感知判断或推想有某种存在物存在，但作为神经（感官）与这种存在物本身毕竟是不能混同或等同的。

世界万物是在人们感觉之外并不依赖于感觉的客观实在，现代的科学仪器可以扫描离我们几十亿光年（每秒走30万公里的光要走几十亿年的距离）远的类星体和看到微米级尺度（100万微米等于1米）的病毒。

正像类星体和病毒是仪器扫描到（看到），它们又都是在仪器之外并不依赖于仪器的客观存在，人们看到（感觉到）的万物是在人们肉体感官之外并不依赖于感觉的客观实在，这里哪有什么独断论，反之断言"存在就是被感知"，断言世界万物是"感觉的复合"，是不能被证明和证实的，也不被一般人（包括一般学者）认同和认可。这些断言才是真正的独断论。肯定"存在就是被感知"，不仅会导致肯定"情人眼中出西施"，还会导致"哲人眼中出万物""哲人出万物"和"哲人眼中出太阳"，岂不武断！

物质和意识的划分，在哲学上有非常重要的意义，是否承认物质是在意识之外并不依赖于意识的客观存在，可以区别唯心主义与唯物主义，是否承认意识是客观存在的反映，又区别了辩证唯物主义与庸俗唯物主义和二元论。

对于普通人（包括自然科学与技术工作者）来说，他们常会把由原子和分子构成、有质量或重量的东西叫物质，如据此讨论物质结构，讨论物质成分，科学家通常所说的物质不灭和"信息不是物质，也不是能量"这句话之中的"物质"一词，就是指有质量、大小和形状的物质性的实体。

实体的概念是可以接受的，而且，物质性实体还往往与"物质"

一词混用。例如，本书后面有一章讲的物质运动就是物质性实体的运动，需要指出的是，一般说的实体也不是感觉的符合，也是客观存在，西方个别学者说的"电子有自由意志"不过是对"电子衍射"现象的设想，是没有什么根据的。我以为，正如月亮会运行到挡住太阳光的地方（日蚀时），不能说月亮有自由意识，我们可以说电子是有质量（虽然极其微小）和兼有粒子性和波动性的实体（否则也难解释电子衍射），但不可以说电子有自由意志。

关于实体，在好些年前，曾有学者把它叫"自然科学的物质概念"，还引发了关于哲学的物质概念与自然科学的物质概念的区别与联系的不少讨论，但我以为这种讨论可以不再继续了。因为，并未从以往的讨论中看出这个讨论对哲学发展有多少推动，也未看出这种讨论对广大自然科学工作者有什么启迪。

第五章
不打不相识
——在变革世界中认识世界

路遥知马力，日久见人心
——实践和认识

过去，我们在检讨错误时常常会被要求既要清楚交代犯错误的事实，又要深入分析错误思想和错误认识的根源，即"在灵魂深处爆发革命"，其实正确的思想认识也有来源问题，而认识的正确或错误，与能否实事求是密切相关，本章就讨论这些问题。

人们通常难以认识敌人的特点和品性，也较难认识别人或生人的品性和特点，但是，如果人们同敌人打过仗或与生疏的人做过买卖，情况就不同了，人们之间打交道，就会相知、相识，在打交道的过程中互相认识，在一方试图变革另一方的过程中互相了解、互相认识。

在认识问题上，最困难的是认识人，认识人品、人心。俗话说，对人往往会知人知面不知心，在平时不显山不露水的人，人们在平时通常会看不出他的素质和品格，但是，如果他在遇到地震、遭受严厉批评或得到重大表扬的时候，他就容易表现出是否镇定沉着、不气馁、不骄傲和是否关心他人的品格，正如人们所说的患难识知己。

认识一个人的品质是最困难的，这固然与人们的认识能力有关，也往往与人的本质和人所表现的现象有相当差距有关。人们常会说某人是刀子嘴，豆腐心。刀子嘴，指该人在现象上粗暴，但本质上是善良的，即有豆腐心，但是透过该人嘴认识到他的豆腐心是困难的，而且有的人还有"人面兽心"的情况。人们常常会知人知面不知心，也说明认识一个人不容易，因此往往需要"路遥知马力，日久见人心"，就是说人的本质必定也只能在实践中表现出来，一个人的真实面目可能在短暂的时间表现不出来，但在较长的时间里总会有更多的实践，一个人的本质就会在多种实践活动中表现出来，这就是日久见人心或者可以说是让时间充当实践的角色。

不吃梨怎知梨的滋味
——什么是实践

人们的认识是对客观事物的反映，但这种反映不是镜子对事物反射，也不是照相机或摄像机对事物的摄影，人的认识是一系列能动的反映过程，而这里起决定作用的能动环节就是实践或变革。

《实践论》中说过，大意是你要知道梨子的滋味，你就得亲口吃（或咬一口）梨子，把它改变成"残疾梨"，从而认识梨子。这里不仅讲了实践是认识的基础，也讲了实践的特点和什么是实践。实践就是人为地改变某事物的原来状态从而认识该事物，也就是说，实践是通过人为的行动把 A 变革为非 A。实践是认识的来源和基础，实践是人类特有的本质活动，人类在活动中总是抱一定目的，使用一定的工具，采取一定的方法去改变自然以满足人类生产和生活需要。本来是一个完整的梨，被咬成非原来样子的"残疾梨"，但正是被咬、被吃，才认识了原来梨的味道；在敌我交战中从双方的拼搏、胜败中认识了敌人的真面目。原来样子的敌人由于被打、被消灭，失去了原来的状态，才使人们认识了敌人的原来面目。一般地说，人们需要改变甚至必须破坏某事物的原来面貌，或使某事物处于"激发态"才能认识该事物。在火炼中认识真金，也可以说，事物的性质本来就包括它在极端条件下的反应，如人是否百折不挠，金属是否能承受千锤百炼。我们为了认识事物当然需要一种激发态，但我们也需要注意，在一般情况下我们不能为了认识的目的而任意去制造激发态，例如不能为了认识一个朋友是否闻过则喜、是否骄傲或气馁，就故意去表扬或批评他，再看他在被表扬或被批评后的表现，如果这样做是不道德的。

实践是认识的来源、基础。那么，为什么只有经过实践、变革才能认识世界呢？因为，第一，只有在实践中、在变革中，客观事物才会表现出自己的本性或暴露自己的本质，正像体育运动员、运动队只有在胜利或失败时才表现出是否胜不骄、败不馁，一个人只有在逆境中才会表现出他是否坚强、勇敢和机智，如果人完全在风平浪静的情况下过日子，没有任何刺激和干扰，我们就难以知道他的品质；第二，也只有在实践中、在变革中，事物才会消除它的假象，去掉它的伪装（如果它有伪装的话），正像一个外表正人君子，只有在危急时才表现出是见义勇为还是临阵脱逃。

上面讲了人们只有变革甚至消灭一个事物时才能认识该事物，或许有人仍觉得不可理解，为有助于理解，这里不得不引用一句列宁的话（虽然通俗哲学要少引经据典），列宁在《哲学笔记》中说："这就是说，世界不会满足人，人决心以自己的行动来改变世界。""人给自己构成世界的客观图画，他的活动改变外部现实，消灭他的规定性（变更它的这些或那些方面、质），这样，也就去掉了它的假象、外在性和虚无性的特点，使它成为自在自为地存在着的（客观真实的）现实。"

我认为列宁的这句话既说明了实践的特点又说明了实践的作用，正是在强调实践对认识世界有决定意义，我们可以把辩证唯物主义的唯物主义认识论又叫做实践主义的认识论。我们认为实践是检验真理的唯一标准，也可以说是实践主义的真理观。

还要补充一点，确认实践是认识的基础同为认识而实践是不同的，在自然科学方面，可以有为认识而实践、为得到知识而做实验；在社会领域，有时也有为认识而实践，例如为了取得经验而试点，试点也是实践。但在一般情况下是不需要为知识或认识去进行实践的，我们可以说人民经过解放战争认识了国民党和蒋介石的本性，但我们不可以说共产党是为了认识国民党本性而进行解放战争的；在土地革命中可以认识中农与富农的区别，但不是为了认识中农与富农的区别而开展土地革命的。再者，我们说实践改变事物，并不等于说人的思想就可以改变事物，而是说人的实际行动改变事物，因为实践首先是实际行动。

人们的实践活动是在一定目的的支配下的有意识的活动，它当然包括精神活动，但必须引起客观世界的某种变化；实践是具有创造性的能动的活动；通过实践活动，人类既改变了外部世界客观对象，同时也改变了人类自身。

对社会实践，肯定实践是检验认识真理性的标准，有重要的理论意义和现实意义，实践之所以能成为真理的检验标准，是由真理的本性和实践的特点决定的。

首先，从真理的本性来看，真理是人们对客观事物及其发展规律的正确反映，其本性在于主观与客观相符合。检验真理，就是检验人的主观认识同客观实际是否相符合以及相符合的程度。因此，其标准既不能是思想或理论本身，也不能是客观事物，而只能是将主观和客观联系起来的桥梁——实践，在自然科学上就是实验。

其次，从社会实践的特点看，它是人们改造世界的客观的物质性活动，具有直接现实性的特点。要判明主观同客观是否符合以及符合的程度，只在主观范围内是根本无法解决的。同时，客观世界本身也不能充当检验真理的标准，唯一能够充当检验认识的真理性标准的，也只能是把主观和客观联系、沟通起来的"桥梁"，即社会实践。

而社会实践不仅具有普遍性的特点和优点，而且具有直接现实性的特点和优点。实践的普遍性是指任何个别的、特殊的实践，都包含着一般、普遍，都具有一般的、普遍的意义，即一次实践能够做到的，在同样条件下的同样实践必然会重复地加以实现，产生出同样的结果。通过实践检验人的认识是否与客观实在相符合，才能是真理具有客观的确定性，经得起反复检验。

实践的直接现实性是指实践是把主观认识同客观实在直接联系起来的桥梁。人们在一定思想理论指导下从事改造客观世界的实践活动，它一方面同人的主观世界直接联系着，另一方面又同客观对象直接联系着，它所产生的结果是客观实在的。所以，人们只有通过实践才能直接地把指导实践的认识同实践产生的客观结果相比较对照。

改革开放 30 年来，我们经历了几次重大的思想解放和相应的改革，其效果和正确性都是经过实践检验的。实践证明，对"两个凡是"的批判，解开了人们的思想桎梏，拉开了改革开放的序幕；邓小平的南方谈话，解决了姓"资"与姓"社"的问题，实现了经济大发展；党的十七大又提出科学发展观，强调以人为本，建立和谐社会，这些变革都是从实际问题提出，经过思想解放和相应的改革，以实践证明其正确性。

这与我们的传统观念也不相符，中国的古代人不强调实践证明，而常说"有诗为证"或者"有文为证"，这同以书本知识为证、同以上级的话为证是相通的。

确认实践检验真理，同实用主义主张的"成功就是真理"根本不同。一些反社会、反人民的尝试也有类似实践的特点，而且可能一时得到成功，但我们不需要这样的"实践"，我们承认和需要的是符合社会发展规律、符合人民根本利益的实践，实践检验真理不同于胜者王侯败者贼，也不同于胜者正确败者错。

施诊、开方、再施诊、再开方、再施诊、再开方，永无休止
——知行统一

实践提出认识目标，为认识进行提供资料是认识正确与否的唯一标准，这些都说明实践是认识的基础。而且，人们在一次实践中对某事物取得正确认识，可以说完成了一次知行统一，但一次知行统一还不是实践和认识结束。"实践—认识—再实践—再认识"的过程还会继续进行下去，知与行是在很长的过程中达到统一的，而且这个过程永远不会结束，我们对社会主义的认识也永远不会结束，我们曾强调社会主义是没有私有制、没有剥削、人人有饭吃的理想社会，也曾经强调社会主义要"一大二公"，经历了几十年的奋斗、尝试包括挫折，才找到了建设中国特色社会主义社会的道路。实际上，新中国成立

60年来，我们对社会主义社会的认识就是一个漫长而曲折的实践——认识——再实践的过程。新中国成立初期，根据对社会主义社会初期阶段——新民主主义社会的认识，我们肃清、扫除旧社会留下的各种余毒，大力恢复和发展生产，进行三大改造，到1956年，工农业生产都取得极大的进步，完成了三大改造，于是党的八大正确地认识到：我们国内的主要矛盾，是人民对于建立先进的工业国的要求同落后的农业国的现实之间的矛盾，已经是人民对于经济文化迅速发展的需要同当前经济文化不能满足人民需要的状况之间的矛盾。这一矛盾的实质，在我国社会主义制度已经建立的情况下，也就是先进的社会主义制度同落后的社会生产之间的矛盾。党和全国人民当前的主要任务，就是要集中力量来解决这个矛盾，把我国尽快地从落后的农业国变为先进的工业国。根据这个认识，在1956—1957年我国开始了大规模的生产建设，全国人民热情高涨，工农业都呈现一派大好形势，只因为而后的极左观念的影响使这一实践受到了严重挫折，直到1976年粉碎"四人帮"后，从党的十一届三中全会开始拨乱反正，我们才又回到发展生产力，建设社会主义现代化强国的正确轨道上来。30年的改革开放，从1978年GDP总量仅3624亿元人民币，到2007年已达到246619亿元人民币，年均增长9.7%，中国已经成为全球经济的快跑者。中国已重新逐步融入世界文明，人权、法治、公平、正义、自由、平等都得到极大的发展。2003年党的十六届三中全会又明确提出了"坚持以人为本，树立全面、协调、可持续的发展观，促进经济社会和人的全面发展"；强调"按照统筹城乡发展、统筹区域发展、统筹经济社会发展、统筹人与自然和谐发展、统筹国内发展和对外开放的要求，推进改革和发展的科学发展观"。

这里再说一下中医。中医大夫在给病人看病时，要先观察病人，号脉，看舌苔，问病情，然后开药方，可以说完成了第一次的由实践到认识的过程，第二次再看病还要把脉，看舌苔，并且要看前次开的药方，询问服用前次药后的反应，再调整或修改前次药方，开出新药方，即完成了再实践到再认识的过程，如此反复多次直到给病人治好。可以说，中医治疗是一个典型的"实践—认识—再实践—再认识"的不断持续的过程，当然许多西医也会及时了解病人的病情，及时调整、修改和更新自己的处方，但是，并不是所有的西医大夫都这样做，可能是由于西医对病人病情的检查比较复杂，药品种类相对比较少，不如中医那么灵活。

总之，人的认识是一个无限前进的历史进程，人们总要一代一代地得到新知识并纠正失误，我们纠正了前辈的错误，也许，我们的后辈纠正我们的失误比我们纠正前人的失误还会多些。人类认识包括自然科学和社会科学的认识，是一个永无休止的发展过程，在每个时代，人们只能得到受社会历史条件和物质条件限制的、不充分全面（可能还有片面性）的、不十分正确（可能还有错误）的、暂时性的认识，即有相对真理性的认识，许多相对真理的积累会接近和达到不受历史条件限制的、全面的、完全正确的永恒不变的绝对真理性的认识，相对真理中有绝对真理的成分或要素，绝对真理由无数相对真理构成。这就是相对包含绝对并构成绝对。没有纯粹的相对真理和纯粹的绝对真理。

心想事成
——理念在先

并不是任何论点或观点都可能和需要实践的检验，例如，模棱两可的观点或论点就是实践无法检验的。说"明天可能下雨，也可能不下雨"或"张三可能考上大学，也可能没有考上大学"的观点，就不能实践检验，因为这类观点永远"正确"。有的命题，如果人们的认识是正确的，用这种认识来指导的实践活动一般就能取得成功，反之，就会失败。但我们不能把这点简单地理解为成功就是正确，某种错误的理论观点也可能取得一时的成功，但不等于说它正确，时间一长，靠这种理论观点指引的活动就会表现重大失败，从而证明其错误。而且，理论观点是否正确，不仅要实践，还要靠逻辑分析，一个命题在逻辑上站不住就不能完全正确。例如损人利己可能得逞一时，但这决不能证明"人不为己，天诛地灭"观点的正确。这里只是说，如果理论观点正确，并且在逻辑上合理，那么，在这种认识指导下的行动通常就会成功。

"祝心想事成"，是人们常用的祝贺辞，但是，心想就事成通常是不可能的，而且这种先有"心想在先"或"理念在先"的观点就是由唯心主义哲学家提出来的。理念（idea）一直是西方哲学史的重要范畴，指一种理想的、永恒的、精神性的普遍范型。

古希腊的客观唯心主义学者柏拉图认为，变化不定的个体事物，它所以相对地具有某种性质，只是由于模仿或具有离开个体事物而绝对存在的理念，全部理念构成一个常驻不变的理念世界，存在于事物世界之外。而且在他看来，世界上先天就有理念，事物或人们的观念只是对理念的回忆或挖掘。19世纪德国著名哲学家黑格尔则把逻辑范畴客观化，认为在一切事物存在之先（在感觉出现之前），就存在着一种"客观的、无人身的思想、理性或精神"，他称之为"理念"。它经过"存在""本质""概念"三个阶段的发展而为"绝对理念"（存在的"理念"）。认为"绝对理念"先于人们的意识，先于理论及先于一切，提出客观存在的绝对理念是第一性的，自然界、社会和人类意识不过是绝对理念的"外化"，总之是先有精神理念，再有实际的东西，再有物质。

马克思、恩格斯多次指出，原则应该是研究的结果，不是研究的前提，在实际行动中要从实际出发，不要从原则出发。

理念在先，一直是被批判的观点，可是，在我们的活动中，也曾经有过先有思想、先有想象再有事实的提法，如在"大跃进"时曾有过"不怕做不到，只怕想不到"和"人有多大胆，地有多大产"的口号，以及人们现在常说的"心想事成"。其实，理念和观念、想法都是差不多的东西，就是人们对事物的看法、思想和思维活动的结果。

《辞海》把"理念"定义为：理念一词属哲学术语，是指人们对某一事物现象在理性领域内的系统认识与观念，这种认识和观念合乎自然合乎人性，能更深刻

> **柏拉图**
>
> 柏拉图（前427—前347），古希腊哲学家。建立了较系统的客观唯心主义学说，哲学史上首次运用"辩证法"概念，对后世唯心主义哲学思想的发展演变有深远影响。他是古希腊哲学家中第一个留下大量著作的，包括《裴多篇》《会饮篇》《巴门尼德篇》《国家篇》等。

更全面地反映事物本质，其重要意义在于理念对具体的实践行为具有指正、引导作用。

"不怕想不到"或"心想事成"都夸大了精神因素的作用，我们平时要坚持的原则也是一些理念，实际上心不想就事成是罕见的，我们过去因为把大胆想象当事实吃亏的教训还少吗？使我们国家几乎崩溃的"文化大革命"就是在"无产阶级专政下继续革命"的理念下进行的，但是，我们不可以因为曾经有过失败而走向另一个极端，低估理念、观念、意识即精神因素的作用。现在我们在宣传中也常常会讲理念在先的观点，如先有关于改革开放的理念，然后才有改革开放的行为和事实。

所谓理念，是指人们对于某一事物或现象的理性认识、理想追求及其所形成的观念体系。人们的理念、观念和原则，常常是指他们在某种行动之前就有的想法、意图、办事原则或设想。理念常常是长期实践经验的总结，也有对过去教训的省悟。例如，人们的办学理念就是人们经过长期的办学实践和理性思考及实践所形成的思想观念、精神向往、理想追求和哲学信仰的抽象概括。国际21世纪教育委员会向联合国教科文组织提交的教育研究报告说：教育是"保证人人享有他们为充分发挥自己的才能和尽可能牢牢掌握自己的命运而需要的思想、判断、感情和想象方面的自由"。这就是一种教育理念。

大学理念就是关于大学的本质属性、存在价值、职能任务、行为准则等的理性认识，并在这一认识基础上所形成的理性的、系统的、稳定的、概括的教育哲学观念系统。

联合国教科文组织提出的建立"前瞻性大学"的新理念主要包括：以人为本的理念、崇尚学术的理念、服务社会的理念、持续发展的理念、面向世界的理念、引领社会的理念。

2008年在我国举办的奥运会提出的三个理念是：科技奥运、人文奥运和绿色奥运，都有深刻的哲学含义。据吴光远先生的解读，科技奥运、人文奥运的理念是要向西方学习，学习他们的科学精神和以人为本、以人为中心的人文精神；而绿色奥运的理念是传给西方的我国的"天人合一"的精神，取代"人类中心论"，实现世界的可持续发展。正是在这三个理念的指导下，我们取得了2008年奥运会的巨大成功。

理念也是一种观念，比如经营理念、企业理念、办学理念、服务理念、设计理念、教育理念、新课程理念、管理理念、教学理念等。

例如，在金融投资这个领域，赚钱靠的是什么？一靠理念二靠信心，巴菲特的投资理念就是保持长期稳定的收益率能够带来的财富增值效应，远比短期暴利来得更为稳定和持久。一时的短期暴利能够带来的最多是一时的战胜市场和自鸣得意，而长期稳定的收益则能够给你带来扎扎实实的财富快速增长。

还有一些平常的事例也表明理念在先是有道理的。例如，学校评定"三好学生"就取决于评定前提出的理念，如确定学习成绩平均80分是"三好学生"的必要条件，可能评出的"三好学生"会有20名；如果是另一种理念在先，认定学习成绩平均60分的也可以评为"三好学生"，"三好学生"就可能评出30—40名；而如果规定只有平均99分才有资格被评上，就可能没有"三好学生"。可见，有没有和有多少"三好学生"的事实，取决于理念在先。

事实上，说人们在实际行动前先有理念或某种思想的事是常常发生的，这种理念或是来自长期实践成功经验的总结，也往往是源于反省长期遇到的挫折和失败的教训，是对过去挫折和教训的省悟。例如，医疗工作中"以预防为主"的理念就未必来自对长期预防实践成功经验的总结，而是对于缺乏预防导致疾病流行的教训的反省和省悟；我国未必是先有改革开放的 30 年实践，再有中国要改革开放的指导思想和理念，而是 20 世纪 70 年代先有中国要改革开放的理念或指导思想，而后才有 30 年改革开放的成功实践。中国需要改革开放的理念是对中国长期闭关锁国教训的省悟。也就是，我国是先有改革开放的理念再有改革开放 30 年的伟大实践。所以，真正的、行之有效的理念还是在实践的基础上产生和形成的。

在现实生活中，理念的作用是非常重要的，例如对当代中国有特殊意义的理念或指导思想有：和平与发展是当今世界两大主题的理念；"和平发展""和谐世界""互利共赢"的外交新理念；建设中国特色社会主义的理念；实事求是，解放思想，改革开放的理念；以人为本和执政为民的理念；人与自然和谐相处、资源节约、环境友好和可持续发展的理念；和谐、共赢、化解矛盾的理念。有了这些理念作为原则或指导思想，我们国家就有了同资本主义发达国家的和平外交政策和与相邻国家的以邻为伴的政策，由于有了这些理念作为指导思想，就有了国内的一系列为民、利民、和睦惠民政策。

在理念问题上，是有意见分歧的。所谓"头脑派"更强调理念在先，所谓"行动派"更强调实践第一，两派常常争论不休。事实上，它们的分歧可能是被包装出来的，从产生看，当然是实践在先，从所起的作用看，则是理念在先。心想事成是有困难的，在社会领域，心不想而事竟成，是奇谈怪论。

总之，精神是可以转化为物质的，只不过这种转化不是很简单的，精神要转化为物质，首先需要有正确的思想或理论，然后要有与之适应的战略（或路线）及与之适应的策略（政策）、措施和口号，并有相应的实际行动，这个"理论—战略（路线）—策略（政策）—

行动"的过程都是必要的,理论和策略口号的作用都不可轻视。抗日战争时的持久战理论的提出,运动战和游击战思想的确立和执行,我国的超级计算机从设计思想提出到整机制造和调试,以及从提出人文奥运理念到奥运会、残奥会的召开,都是精神变物质。

高考状元这么了不起吗
——珍惜经验

我们上面说的认识、知识,都是理论性的认识、知识,但是,除了这样的认识,人们还有在长期生活实践中积累起来的经验性认识和动手能力,经验知识是我们常说的感性认识,经验知识是认识的初级阶段,人们在认识过程中,首先获得的是冷、热、大、小的感觉,若干感觉的集合是知觉或在头脑中的印象,感觉、印象统称经验,经验知识只反映事物的现象和外部联系,不像科学知识那样深刻、反映本质和准确。然而,经验却有直接性、生动性、简明性的特点和优点,人们在日常生活中,只用经验语言说"太阳出来了",而不用科学语言说"地球自转到人们能看见太阳了"。人们常说的谚语特别是天气谚语就是经验。经验也指人们在长期实践活动中获得并积累起来的动手能力,简称技能,老工人能根据机器运转的声音判断机器的好坏,民警能从某人的表情很快看出他是不是犯罪嫌疑人,老中医能从人的舌苔判断人的健康状况,用的是他们的经验技能。但是,我们在过去一段时间,对经验知识和经验技能的意义是有点估计不足的,例如,我们的一些报刊多热心于颂扬高考状元,对优秀技工则表现冷淡,我们曾一时有技工缺乏的问题,可能与轻视经验有关。当然,对科学和学习科学是需要充分注意的,但我们同样应该重视技能培训、技能比

盾构机

赛和提高技工待遇，要尊重知识、尊重科学，也要珍惜经验，珍惜经验知识和经验技能。例如沈阳的曹佰库出生于工人家庭，只有初中文化，但他凭借对技术的热爱和刻苦的钻研以及大胆的创新精神，可以说是超国际水平地掌握了大型盾构机（在地面下暗挖隧洞所用的主要施工机械）的制造和安装技术，被外国专家誉为"盾构机装配制造大师"。工人和工程技术人员的经验同样是国家的宝贵财富，没有经验、技术的国家是不可能实现国家的工业化的。但是，经验终究只能反映个别或局部的情况，反映过去的情况。我们不要忘记经验也有它的局限性。在这点上我们要注意到如果一位老年人说什么事情可以做到，这位老人的话大体是对的，而如果这位老人说什么事情办不到、不可能时，这位老人的话常常是错的。

现在我国已经很重视技工的培养，开办了多种培养技工的学校，例如由成都市人民政府主办的国家级重点技工学院坚持以市场为导向、以管理为基础、以技能为核心的办学理念，相信能培养出优秀的技工。

经验是重要的，经验也有它的局限性。首先，经验知识只反映个别事物的现象，而不深入到揭示事情的本质；其次，经验可以否定普遍，但不能证明普遍，在理论上一个有普遍性的原则或观点只要与一项经验不符，这个普遍性就会被否定，"中国运动员不能打破世界纪录"是一个有普遍性的论断，但只要有一位中国运动员打破了世界纪录，上面的普遍性论断就被推翻。然而经验虽然可以否定普遍，它却不能证明普遍，有十个百个中国运动员打破世界纪录也不能证明"中国运动员都能打破世界纪录"，正像如果有一个人不死（当然这是不可能的）就可以否定"人都要死"的论断，但实际上死了成千上万的人，也无法证明人都要死，附带说一句，"人都要死"的论断是难以证明的，虽然没有人可以不死。

第六章
坐地日行八万里
——物质、运动与发展

世上有无自行车
——万物皆运动

在中国，几乎没有人不知道街道上有自行车，几乎没有一个家庭没有买过或丢失过自行车。其实，世界上是没有会自己行动或自己运动的车辆的，在有的国家，把我们叫自行车的车称为自动车，更加不符实，世界上没有会自己运动的车辆。我国北方人的语言是比较准确的，但南方人（如上海人）把所谓自行车叫脚踏车却更加科学，事实上自动车不会自动，自行车也不会自行。

按教科书的提法，世界上没有真正的自行车或自动车，或许，脚踏车的叫法是可以接受的。可是世界上又真有自行物或自己运动，这就是哲学教科书讲的物质自己运动、变化和发展，如果说真有自行车，地球和其他行星才是自行球，它们从形成时就从原始星云获得了角动量而自行自转和绕太阳公转，它们不需要脚踏或其他的外力推动,是真正的自己运动,人们坐在地球这个自行的地球车上每天运行八万里(坐地日行八万里)。

唯物辩证法的基本观点是:世界是物质的,物质是运动的,整个世界就是永恒运动着的物质世界,物质是不依赖于人们的意识又能被人们的意识所反映的客观实在。而人们的意识是物质世界发展到一定阶段的产物,是客观存在在人脑中的反映,是人脑的机能对客观事物的反映。

我们在前面提到实体,本章说的物质就是物质性的实体,如原子、分子、物体和生命体;本章说的运动是指一切事物的变化和过程,这种变化和过程是物质的固有属性,是物质存在的形式。一切事物都在运动。有些事物的运动是明显的,人们可以直接感觉到,如流动的河水、划破夜空的流星、运转的机器等,有些是人们在一般情况下看不到的,整个宇宙星系的运动,以及微观的物质的运动,包括分子、原子、电子以及更微小的如细菌、病毒等也是在运动的。世界上没有不运动的物质,也没有无物质的空幻的运动,运动离不开物质,物质和运动是不可分割的,运动是物质的根本属性。

我们站在房间里不动,是静止的,但是地球却在不停地旋转,我们身体内的一切脏器、血液等都在不停地运动,房间内的一切物品的构成材料的分子也都

流星

在运动，我们站着不动的静止是相对的，即运动是绝对的，静止是相对的。

我们说没有自行车，是说自行车没有外力作用不会自己行走，但是构成自行车的各个组成部件材料的物质都在运动。

物质、运动、时间、空间是不可分割的密切联系和互为条件的，运动就是时间和空间上有所不同，运动是一般的变化，通过时间、空间的差别表现出来，就像我们从时针、分针和秒针的位置移动来判定时间，当然，我们也从时间和空间的不同来判定运动。

我们通常将事物、物质看成同一的概念，哲学上把客观存在、不依赖于意识、可以被感知、可以被认识的东西看成是物质。一般人包括自然科学工作者通常把有形状、有重量的东西叫物质，作为哲学基本概念（即范畴）的物质只反映客观性、可认识性这些本质特点。列宁对作为哲学的物质范畴下了一个科学而全面的定义，他指出，物质是标志客观实在的哲学范畴，这种客观实在是人通过感觉感知的，它不依赖于我们的感觉而存在，而为我们的感觉所复写、摄影、反映。

列宁的物质定义具有重大的意义：它肯定了唯物主义的物质第一性，肯定了世界的可知性，同唯心主义和不可知论划清了界限；它肯定了认识论与辩证法的统一，为认识论奠定了唯物辩证法的坚实基础；体现了自然观和历史观的统一，是构成彻底的唯物主义的出发点。流行的哲学观点一般将其概括为"物质就是离开意识而独立又能为意识所反映的客观实在"。本章以下所述的物质是通常所说的有形状、有质量的物质或东西。

自然界中一切事物和现象都具有物质所固有的基本属性和基本规律，世界的统一性在于它的物质性，作为共性的物质就存在于各种物质形态之中。

每一种物质形态都有自己的规定，都有自己的特殊属性、特殊的关系和特殊的运动形式，彼此互相区别，由此形成物质世界的多样性。根据现代科学知识，可以从自然界归纳出物质有两种基本形态，一种基本形态是各种实物，如原子、分子、宏观物体、天体等，另一种基本形态是各种场，如引力场、电磁场、各种基本粒子场等；实物有静止质量，有间断性、并列性和不可入性。我们会觉得"场"很神秘，因为我们看不到、摸不到它，但人们却完全可以感受到它，如我们可以感受到的引力场、电场、磁场等，场有连续性、弥散性和叠加性，没有静止质量，有运动质量、动量和能量，也遵循质量守恒、动量守恒和能量守恒定律。场和实物不可分离地联系在一起，有实物就有相应的场，有场就有相应的实物，可以说场是能量，实物是质量，场与实物的矛盾运动就是能量和质量间的矛盾运动。场量子具有粒子的特性，实物粒子能以场的形式活动，二者可以互相转化。

在宏观的世界中，各种物质形态间，包括无生命和有生命物质形态间都可以按一定的规律互相转化，但在转化中物质既不会创生也不会消失，科学的表示就是物质不灭原理。

相互联系和运动是物质固有的属性，就最一般的意义来说，运动包括宇宙中发生的一切变化和过程，包括空间分布的变化、事物数量和属性的变化、系统的结构和功能的变化、系统的复杂程度的变化等，不能把运动仅仅看作是空间位置的移动。

物质运动是绝对的，静止是运动在一定条件下、在一定阶段中或一定层次上的特殊表现，是有条件的、相对性、暂时性的。

最简单的运动形式就是对象位置移动，一个工厂中原料从仓库到车间，产品由车间送到用户，这样的物流就是位移，或称机械运动，它是一切运动中都包含的运动，物理运动、化学运动和社会运动无不包含着机械运动。

自然界中系统的形成和运动的发生的终极原因是物质的相互作用，是自然界固有的矛盾以及矛盾的集合。相互作用或矛盾的特殊性，决定着各式各样的具体的运动形式。吸引与排斥、同化和异化、化合和分解是一种或几种运动形式中起作用的几对矛盾。

恩格斯说："一切存在的基本形式是空间和时间，时间以外的存在和空间以外的存在，同样是非常荒诞的事情。"马克思主义哲学认为，时间和空间是运动着的物质的基本存在形式。物质总是以其具体形态而存在和运动的。任何物质具体形态的存在和运动，都必然经历一定的时间和占据一定的空间，时间和空间是运动着的物质存在的基本形式。各种运动形式之间相互联系，低级运动形式是高级运动形式的存在基础，高级运动形式是在低级运动形式的基础上发展起来的并包含低级运动形式。各种运动形式之间相互转化，既有从高级到低级的转化，也有从低级到高级的转化。

恩格斯还特别注意研究各种运动形式之间的转化，相联系的各邻近学科之间的转化问题，并预言在这些被忽略的边缘领域可望取得最大的成果，而生长出新的学科。科学的发展证明了恩格斯的预见。例如化学学科的深入研究进入生命研究，发展出"生命化学"，而"脑化学"又是生命化学的前沿领域，重点是研究思维运动与化学运动的关系和规律。

在这点上又不在这点上
——物质的运动形式

恩格斯在《自然辩证法》一书中将物质运动分为五种形式：宏观

物体的机械运动、分子的物理运动、原子的化学运动、蛋白质的生命运动、人的社会运动。

世界上最普通、最简单的运动形式是物体位置变动或位置移动，即机械运动，根据现代科学的发展和恩格斯的基本观点，我们将物质的运动形式分为"力学运动形式""物理运动形式""化学运动形式"和"生命运动形式"。

力学运动形式 20世纪以来，人们对自然界的认识从最初知道有两种作用力即万有引力和电磁力，逐步发展认识到有四种作用力，即强相互作用力、弱相互作用力、电磁力和万有引力。强相互作用力是使原子核紧密地保持为一个整体的相互作用力，这种作用力距离很短，是为了克服质子和质子团之间的斥力。而当距离增大时，原子核内部表现为引力，使得这种强相互作用力减小。弱相互作用力存在于原子核的衰变现象，强度比强相互作用力小得多，强、弱相互作用力都是短程作用力的一种。四种相互作用力的单独或相互作用，就形成了各种力学的运动形式，引起物质在时空中的位置变化（移动、转动、振动），它是自然界普遍具有或包含的初级运动形式，从宏观到微观，包括基本粒子的力学运动、宏观物体机械运动和宇宙天体力学运动。机械运动是单纯的位置移动，它是物质的各种运动形态中最简单、最普遍的一种，它的特点是在这点上在同一瞬间又不在这点上，或者说，位置移动是物体不断占有一个位置同时又不断放弃一个位置，在这种运动中，物质运动的能量可以互相转化，例如位能与动能互相转化，但能量的总和既不增加也不减少，自然科学上叫"能量不灭"。

物理运动形式 是以力学运动为基础的、由大量同质或同层次要素组成的物体系统的运动和相互转化。例如，由大量分子和原子聚集而成的热力学系统的运动和各种聚集态的转化；由大量电子聚集成的电磁系统的运动和相应的电磁场运动；在大量分子聚集体中发生和传播的声波运动；由光子或电磁波聚集成的光运动，等等。

物理运动形式的特点是同类或同层次要素的聚集体的整体行为，虽然同层次的各种运动形式间可以相互转化，但没有分化出异质的层次，也没有组合为新的物质形态。还可将物理运动分为宏观对象的物理运动（包括声、光、电、热等）和微观对象（如电子、光子、夸克）的物理运动（如电子湮灭、夸克禁闭）。物质的复杂的、多种多样的物理运动带给人类巨大的物质文明。

化学运动形式 物质的承担者是原子和分子。最一般的化学运动是原子的化合和分子的分解。化学运动形式的特点是在原子核组成不变的情况下，分子的组成和结构发生质变。通过"化学反应"（在化学反应中，分子破裂成原子，原子重新排列组合生成新物质的过程，是旧化学键断裂和新化学键形成的过程）会产生具有新的性质的物质，是化学运动区别于物理运动和机械运动的地方。甲、乙两种物质结合生成的丙物质会具有甲、乙物质单独都没有的新性质，例如氢能自燃，氧能助燃，而氢和氧结合生成的水却既不自燃也不助燃反能灭火，同样，一些无毒元素如碳、氢、氮和氧合成会产生有毒的物质。化学反应是化学研究的中心问题。化学反应的类型繁多，研究化学反应，人们不仅重视物质的变化和质量的守恒，而且重视与之相关的能量与混乱度（体现热力学的变化）的变化。通过化学反应不仅能够认识物质，分离物质，而且还能合成物质，不仅能够合成自然界已经存在的物质，而且还能合成自然界中并不存在的物质。合成是化学家改造世界、保护世界的有力手段。化工生产为人类创造了巨大的物质财富，另一方面也造成对人类环境的严重污染。

生命运动形式 生命是以蛋白质和核酸为主的多分子系统的存在方式。

生命和生物运动的基本形式是生物的新陈代谢，生物的新陈代谢是生物体与外界环境之间的物质和能量交换以及生物体内物质和能量的转变过程，是生物体内全部有序化学变化的总称。它包括物质代谢和能量代谢两个方面。没有新陈代谢，生命就停止了，生物运动不仅有新陈代谢、生老病死，还有同化与异化、遗传与变异，以及生物反应，即生物体与外界交换信息进行反馈、自调节和适应外界环境的过程等。无论是动物还是植物的生长，都是基本细胞不断地在新陈代谢。

生命运动的高级形式是思维运动，它的物质承担者是人脑，它的动力是人类社会实践活动。同时，生命运动和思维运动又有自己的特殊规律性，是有机体与外界交换信息进行反馈调节的过程，如兴奋与抑制的统一、综合与分析的统一等。对大脑的研究也必须考虑到大脑中的物理化学过程，但不要把大脑问题归结为吸引与排斥的矛盾或化合物的多寡。把高级运动归结为或还原为低级运动，在哲学上被称为还原论。把社会生活还原为生物过程，就是社会达尔文主义。

我们还可以将生产力与生产关系、经济基础与上层建筑的矛盾运动称为社会运动。社会生产力和生产关系的相互关系是社会运动的基本形式。生产力水平和状况一般决定着社会生产关系的性质，后者又反作用于生产力发展规模和速度。在阶级社会中，这一对矛盾表现为阶级和阶级斗争。先进阶级总是代表着生产力发展的要求，并通过社会革命而取代反动阶级统治，推动人类社会从低级向高级发展。

广义的社会运动是复杂的，包括经济、政治、文化、军事、法律和伦理等方面，经济活动又包括生产、交换、分配与消费等环节。社会运动一词也可以作更专门或狭义的理解，这时它指社会团体为改变现行的社会制度（或社会制度的某些部分）所做的协调与持续性的努力，有时也指从事这种努力的社会团体。社会运动的范围很广，包括政治、宗教、经济、文化、生活等各个领域。有些社会运动以剧烈的方式进行，有些则是缓和地进行。社会运动是建立新的生活秩序的群众性事业，其动力常是对社会现实的某些成分不满。

各种运动都是相互联系、相互渗透，而非孤立的。不仅各种运动中都包含机械运动，化学和物理运动更是相互交叉，化学运动和生物、生命运动是密不可分的，例如正在形成中的生命化学，它不仅研究化学运动、物理运动与生命运动的联系，而且还研究它们与社会行为和思维活动的联系。

我们在研究科学技术问题时，第一需要探讨在高级和复杂运动形式中所包括的低级和简单的运动形式，要研究存在于各种运动形式之中的力学运动，也需要研究各种运动形式的特殊性，尤其要重视对物理运动形式的研究。对物理运动的探讨曾经对人类文明的发展起了划时代的作用，蒸汽时代的到来直接同对热现象的研究有关，电灯、电机的广泛运用得益于对电现象的研究，对原子结构的研究直接导致了原子能时代的到来。对电子运动的物理研究与计算机的关系是众所周知的，有一种观点认为化学运动和生命运动归根到底都是物理运动，即所谓"大物理主义"，这是可以讨论的，然而人类的一切发明特别是重大的技术发明大都与物理运动或物理学有关，则无可争议。

但是，我们又要注意不能把高级运动等同或归结为低级运动，例如不能把聚众闹事简单地说成一群人走到一起，也不能把阶级斗争看成生物的生存竞争；例如不能把大资本家吞并小资本家的社会现象等同于海洋中的大鱼吃小鱼的生物现象或生物界的弱肉强食。在社会中，虽然有强者欺负弱者、强国掠夺弱国的事实，但整个说来人类社会是有道德和法律约束的。在鱼塘，我们可以看见大鱼抢小鱼的鱼食；在猴笼，我们可以看见大猴抢吃小猴的食物，而在我们的社会中却有照顾和关心弱势群体的要求和事实，甚至在古代，也有孔融让梨的故事。同时我们也会听到或见到丧失人性的说法和事情，那是指社会人只用自然人的动物性要求自己，丧失和不顾伦理规则行事。我们不能仅仅用自然人的标准对待自己，也不要仅仅用自然人、生物人的标准对待别人。

"原始火球"的大爆炸
——自然界的演化和发展

古希腊时代就有一些哲学家在思考宇宙万物的本原，提出了世界本原是火、是水、是空气等观点，古代中国的五行说认为万物的本原是金、木、水、火、土。现代人也在思考宇宙以及这么多运动形式从哪里来又到哪里去？是有"第一推动力"吗？是有上帝在操纵吗？是由能量守恒定律决定的吗？这是一个既古老又新颖的复杂的问题，我们普通老百姓似乎用不着太关心，但是却吸引科学家们穷追不舍。

原始火球的大爆炸 在西方从20世纪20年代开始经过许多哲学家、物理学家、天文学家根据观察、实测，发现千千万万个遥远的星系正在远离地球，越远的离去的速度越快，形成膨胀的宇宙；观测到充满宇宙的微波背景辐射，表明还存在着大爆炸的余波；观测到在河外星系，和地球同种元素的波长都有波长变化，即有红移现象；20世纪40年代后根据观察、实测，理论观点更加活跃，有一种观点认为宇宙在遥远的过去，大约150亿年前是一个温度极高（10亿万度以上）、密度极大、无限小的点（霍金称之为"奇点"），即原始火球，在遥远的时代由于某种原因原始火球发生了大爆炸，在大爆炸的前

10—35秒，火球温度达10亿万度，同一场分解为强力、电弱力和引力，在爆炸后开始扩散和温度逐渐降低，在爆炸后0.01秒温度约1000亿度，出现中子、质子、电子、光子、中微子等，连续地变化，大约在13.8秒时降到30亿度，形成氘、氦类稳定原子核，35分钟后降至3亿度，核过程停止。在30万年后温度降至3000度，在化学结合作用下，形成中性原子，此时宇宙的主要成分是气态物质，逐步在自引力作用下凝聚成密度较高的气体云团块至恒星。

宇宙大爆炸

宇宙大爆炸，是关于宇宙起源的一种假说。它认为我们的宇宙起源于"原始火球"的一次大爆炸。爆炸产生了光子、电子、中微子、Π介子、质子、中子等。其后，产生重氢、氦等原子核，并逐步形成各种物质元素，凝聚成各类恒星系统，演变至今。这个假说从20世纪40年代提出后，逐渐得到重要的天文观测的证实，包括河外星系的谱线红移、微波背景辐射的发现等。

宇宙大爆炸

恒星的演变 一般经历五个阶段：引力收缩阶段是恒星的幼年期，弥散物质由于万有引力而自吸引，较快地收缩形成恒星胚体，温度升高；主序星阶段，收缩使恒星中心温度能达到近百万度，开始氢核聚变为氦核对，反应释放大量能量，而后排斥和吸引势均力敌，形成比较稳定的主序星，并发出灿烂星光，太阳目前正在此阶段。此阶段时间最长，此期间已经过去46亿年。大约还要经过50亿年再进入下一个阶段，即进入中老年期的红巨星阶段、老年期的脉动和爆发阶段，爆发后有的恒星全部瓦解，有的恒星留下一部分物质成为高密度恒星；最后进入恒星的衰亡阶段，有的高密度星体最终演化为黑洞。

地球的形成 地球是太阳系的一个成员，太阳系的原始星云收缩为恒星的过程中，有的恒星周围剩余的弥散物质分裂收缩成为围绕恒星旋转的、本身不发光的行星，太阳系就是一个恒星系。地球诞生在46亿年前，经过"天文时期"，大量的弥散物质收缩为原始地球，是地球内部的圈层形成和演化时期；再进入"地质时期"，原始地球形成时的熔融分化，以重元素为主的物质下沉形成地核，较轻物质上浮形成地幔，地幔进一步分化出更轻的物质形成地壳，构成了地球的圈层结构。在地球内熔融和分化的过程中，大量的气体逸出地表形成原始的大气圈，在太阳辐射的紫外线等的作用下，原始大气逐渐演变成以氮和氧为主的大气；原始大气中含有的大量的水蒸气凝结成水圈，逐渐形成江河湖海。整个地壳在形成后仍在不断地运动，并且分为若干块，即板块，这些板块"浮"在地幔软流圈上缓慢移动，形成今天的各大洲和大洋。板块间相互挤压，使地壳发生垂直运动，形成山脉和海沟。

生命的起源和生物的进化 原始的大气圈、水圈、岩石圈的形成为生命物质的产生创造了条件，经过化学演化逐渐出现生命和生物，大致经过三个阶段：

从无机物分子到有机物分子：在太阳紫外线辐射、雷电等强大能源的作用下，原始大气中的甲烷、氨、水蒸气等简单分子合成氨基酸、核苷酸、含氮碱基和糖等有机小分子，沉积在原始海洋中。

从有机小分子到生物大分子：在原始海洋中，大量的氨基酸脱水聚合为蛋白质大分子，核苷酸脱水聚合为核糖核酸分子。

从生物大分子到原始生命：蛋白质和核糖核酸等大分子结合为多分子体系，大约在30亿年前出现原始生命。

原始生命体发展到动、植物：经过很长时间，原始生命体逐渐发展成原核细胞，又经过漫长时间，大约在17亿、18亿年前原核细胞发展成真核细胞。细胞核内有由核糖核酸和蛋白质组成的染色体系统，成为遗传的中心。再由真核细胞发展出单细胞原生生物，再结合为多细胞生物，并分化为植物和动物，并各自从低级到高级继续发展，动物从无脊柱发展到脊柱动物，从鱼类、两栖类、爬行类、鸟类到哺乳类，最高级的哺乳类动物是灵长类。约在四五百万年前，人类在灵长类中与猿类相分离。

宇宙、世界、人类就是这样逐渐演化而来的。演化的观点有重要的方法论意义。

恩格斯说"一切产生出来的东西，就一定要灭亡"，现代自然科学确认宇宙、太阳、地球、基本粒子、氢、氧、铁等都有其起源和消亡，这就是人们认识宇宙、地球、世界的演化的方法论观点。

"太阳每天都是新的"
——防止思想僵化

这里说的运动与变化、发展是一个意思,不过,有时人们在用"发展"一词时还特指有新陈代谢即新旧交替的意思,即发展是指在运动过程中有旧事物的衰亡,新事物的产生、成长和壮大。或者说发展就是新陈代谢。

确立一切事物皆运动的观点,是说我们要用动态的眼光看问题,而不能用静止不变的观点看世界,要善于接受新鲜事物,抛弃陈旧的、陈腐的观念,要热情支持、维护新生事物,不能思想僵化,这也就是后面会说的要与时俱进。做到这点并不总是很容易的,新中国成立 60 年来,西藏地区发生了翻天覆地的变化,但是,西方一些人却故意不看这些改变,仍然用他们在半世纪前形成的旧眼光看西藏,对中国说三道四横加指责。实际上,我们所有的人在离开他们居住的城市一年再去时,常常会发现他们已经不认识他们熟悉的城市,原来的城市的街道、学校、医院和商店都变得陌生、不认识了,可是,在那些西方人士眼中就好像西藏在这 60 年里什么也没有发生,什么也没有进步,不能怪这些西方人士不知道万物皆运动,只能说他们因为失去既得利益而失掉冷静,因此竭力为腐朽的旧西藏农奴制辩护。可见,用发展眼光看问题,确实有立场问题,立场不对观点必然不对,方法也不对,虽然我们现在不需要像过去那样到处讲阶级立场、观点、方法了,但我们热情歌颂、支持、维护新生事物,及时改变过时的观念、习惯、思想,防止思想僵化则是必要的。

邓小平告诫我们说:"一个党,一个国家,一个民族,如果一切从本本出发,思想僵化,迷信盛行,那它就不能前进,它的生机就停止了，就要亡党亡国。"我们要解放思想、自主创新，要防止思想僵化，但是这也是不容易的。一切事物都在变化发展，古希腊有句话说"太阳每天都是新的"，我们每个人也要使自己每天是新的，要一天比一天更有知识，一天比一天更有修养，一天比一天更有能力，总之，要一天比一天更有进步。

"僵化"两个字实在是不好听的，僵就是僵硬、刻板、凝固不变，过去南方人骂办事不灵活的人为"僵尸"，实在是很难听的。将僵化和思想连在一起就是说人的思想是墨守成规、固步自封、保守死硬、老皇历、老一套，甚至还保留一些封建的东西、脱离实际、否认实践是检验真理的唯一标准，把对上级负责与对人民负责对立起来。思想僵化是形而上学和唯心主义的表现，是教条主义的重要特征。而人们的思想为什么会是僵化或教条主义的呢？不学习，不接触实际，不开动脑筋、不独立思考、本本主义、唯领导是从、一切从本本出发而不从实际出发，被习惯势力或主观偏见束缚，饱食终日无所用心、混日子，就必然思想僵化。面临日新月异而又严峻的形势，没有居安思危的忧患意识，一切都按部就班地墨守成规是非常有害和危险的。思想僵化的人必然反对思想不僵化的人，更反对标新立异，反对创新，思想僵化必然阻挡社会的进步。思想僵化是和解放思想相对立的，思想僵化，不解放思想，中国的社会主义现代化建设就没有希望。

确立用变化发展的眼光看问题，还要注意弄清复杂运动中的简单运动，因为再复杂的运动也包含着相对简单的运动。例如，一个工厂里的运动是多种多样的，但任何工厂里又都有人流、物流这类的移动，如果人流、物流不畅，工厂的运转就不会很正常。同时，我们也要防止把复杂的运动归结为简单运动，例如，社会人的运动也包含生物、生命运动，但我们不能把社会人归结为生物人。

第七章
地球变小了，我们变大了
——时间和空间与普遍联系

一切以时间、地点、条件为转移，是辩证法的基本思想。辩证法认为世界上一切事物都是互相联系的，物质运动、时间、空间是不可分割的，时间本来就是物质运动的连续性，空间是物质运动的延展性，时间和空间是物质运动的坐标，物质运动、时间、空间是变化的，相对论实验表明：物质在高速运动时，会发生时间变慢和空间收缩的相对论效应，这点已经得到自然科学实验证明。

什么地方种苞米
——因地制宜

所谓空间，是指物质存在和运动的延展性。一个大一点的系统总有若干组成部分，如地球有几个洲，中国有许多省（市）、自治区，各个部分或地域都有许多差异，例如山川河流不同、气候不同、人口密度不同、主产和特产不同、贫富程度不同、民族构成不同等，我们的工作方针要适应各个地域具有的差异，这就是因地制宜。因地制宜可能最初是在农业活动中形成的概念，农民最知道要因地制宜，但是，我们也有不因地制宜的时候。1957年，我曾经作为农村工作队队员下乡贯彻省委某领导指示：今春农田一律种苞米，不仅没有种过的地要种苞米，已经种过的地也要把长出的苗锄掉再种苞米。农民当然对这种做法很有意见，他们说，我们最知道哪块地去年和前几年种过什么，适合种什么，但现在根本不听我们的想法。确实，农民是最了解要因地制宜的，一律要如何如何的指示或命令是与因地制宜背道而驰的，实际上就是不实事求是。

因地制宜是唯物辩证法的基本要求，唯物辩证法的基本观点是确认一切以时间、地点、条件为转移。我们的路线方针和措施都需要因地点不同而有区别，因地制宜也是执行实事求是思想路线的基本要求，因地制宜就是根据各地的实际情况或条件，采取、制定适宜的措施或政策，根据各地的实际情况来执行政策，古今中外都莫能例外。可是在我国极左思想占主导的时代，常常就不遵循因地制宜的要求。例如，全国"学大寨"本来是要学习大寨人民的艰苦奋斗精神，结果在"一切以阶级斗争为纲"的路线指导下，不顾各地有别、不因地制宜，竟然在平地上造梯田，成为不因地制宜的典型。

实行因地制宜的困难在于在许多场合，总会有一些一律（不分地点）的规定或政策约束我们的行为。如在我国建筑部门曾规定，凡七层以下的房屋一律不得安装电梯，不得例外，因为有要求各处一律不能例外的规定和政策，因地制宜就有困难了，不因地制宜也是不实事求是的典型。

好在我们现在正在改变这种只顾共同点而不管地域特性的规定和政策，我国政府对艰苦的边远地区实行了区别于一般地区的人才政策、工资政策、社会保障政策等；农村的种植业大都依据农民意见因地制宜地实施，各省、市、县也有自己的因地制宜的措施。

对不同国家的国家战略来说，因地制宜也很重要。现在全世界面临金融危机，不止一个国家采取降息、减税政策，但是有的国家由于企业生产下滑，而且一些银行也面临破产的危险，在这样的国家，他们的政府不仅需要拨款支持企业生产正常进行，也要向银行拨付资金使银行能维持运转；而在有的国家，虽然企业因为出口受阻出现生产下滑、失业人口增加，但这些国家的银行尚能正常运转，在这样的国家，政府的财政支出可以主要用于扩建民生工程从而扩大就业，保持国民经济平稳较快增长，政府一般无须向银行注入资本金。由于各个国家的情况不同，措施也各异。

地球每天都是新的
—— 与时俱进

时间是物质存在和运动的延续性或连续性，时间是表示事物总在运动和变化的范畴。古希腊哲学家说过太阳每天都是新的，今天我们也可以说，地球每天都是新的。在当今时代，科学技术正在迅速发展，生产力也迅速提高，社会生活日新月异，新观点、新理论层出不穷，一种见解往往还未成熟就过时了。例如，一些人曾经认为高科技出现会使人际关系疏远，但现在有手机、电子邮件、网络、高速铁路，却使过去需要一年才有联系的人们在几天甚至几分钟就联系起来了，可以说高新技术又使人们的联系更密切了，以至于人们感到世界变小了，成为"地球村"，我们都成为"地球村"的村民。中国在近几十年里科学技术、生产力和经济也飞速改变，以往只有在城市高收入家庭才有的电视机、冰箱和小汽车，现在在不少农村家庭也有了。

"和谐号"高铁

与几十年前相比,现在的地球确实是新的,而且每天都是新的,这是我们面临的新时代。

一切以时间、地点、条件为转移,是辩证法的基本思想,反之只是用孤立的、静止的眼光看问题,就是形而上学。这里顺便先补充一点"形而上学"的问题。

亚里士多德的学生将亚里士多德有关自然界运动变化的著作编在一起,取名《物理学》,将其余的部分编在一起取名《物理学以后诸篇》(metaphicics)或者《第一哲学》(纯粹哲学,超自然的,形而上学的、玄学),内容非常广泛,既研究超感性的东西,也研究超自然的东西,包括神。中文译名"形而上学"一词是我国的启蒙思想家、翻译家严复在翻译这两部著作时,经过分析研究,发现它们符合我国《易经》中的"形而上者谓之道,形而下者谓之器",形而上是我国的

> **严复**
>
> 严复（1854—1921），中国近代资产阶级思想家、哲学家、翻译家。早年留学英国，回国后致力于西方思想文化名著的翻译传播，包括 T.H. 赫胥黎的《天演论》、亚当·斯密的《原富》（即《国富论》）、孟德斯鸠的《法意》（即《论法的精神》）、J.S. 穆勒的《穆勒名学》、H. 斯宾塞的《群学肄言》等，被誉为"严译"，影响深远。

哲学术语，原本是指无形或未成形的东西，是和器相对的，可以理解为理论、道理（道）和实践、实际（器）相对应。所以形而上就是脱离实物的抽象的东西，是脱离实体的意识上的东西，而脱离实体的抽象的学问就是哲学，所以形而上学原本的意思就是哲学。又因为它来源于"物理学之后"，而如下所述，当时的物理学还处于初始阶段，还是比较孤立和分散、静止的，缺乏相互联系和发展，于是就衍生出形而上学是孤立、静止的方法论。

形而上学作为哲学术语，通常有两种含义：1.指研究超感觉的、经验以外对象的哲学；2.指与辩证法相对立的，用孤立的、静止的、片面的观点观察世界的思维方法。作为辩证法哲学注意到的是其第二种含义。在任何时间、任何场合对任何问题都要彻底地用辩证法看问题有时是有一定困难的，例如要考察一个人的品质就需要了解他生活的时代、他的家庭和亲戚朋友，因为他的品质和他的生活时代环境和亲戚朋友的状况有关，但如果一定要这样做，就需要接触许多的人，花费大量的时间、人力，因此，为了认识某人、某物，人们可能就要把它从各种联系中隔离和凸现出来，并保持相对不变的状态。在15世纪后半期到18世纪，欧洲一些国家的生产尚处于工场手工业时期，生产上使用的动力主要还是水力、风力、人力等，自然科学还处于收集材料阶段，科学家们为深入认识自然界各种运动形式的规律性，对各门现象分门别类地收集材料，撇开它们之间的联系，暂时将它们作为孤立的、静止的、不变的东西进行观察和分析，这种孤立的、静止的研究方法，被弗兰西斯·培根等带入哲学领域，形成"形而上学"的思维方法。也就是有人说的形而下是器，形而上是道。"形而上学"作为哲学名词与17—18世纪的自然科学家在研究问题时的方法有关，那时的科学家必须把对象看成相对不变的东西（事实上人们的语言也不能说出瞬息万变和紧密关联的对象），只不过因为17—18世纪自然科学的成功使一些人把它的研究方法绝对化，形成形而上学，它的特点是把研究对象与周围环境隔离开来，并把对象看成绝对不变、把相对独立的看成绝对孤立。对于形而上学的观点我们当然是可以批评的，只是不要忘记形而上学有它的认识论根源和历史根源。

> **培 根**
>
> F. 培根（1561—1626），英国近代哲学家。在西方哲学史上首次全面系统批判经院哲学，并提出了其唯物主义经验论，其最著名的话就是"知识就是力量"。他还是归纳逻辑的创立者。马克思说他是"英国唯物主义和整个现代实验科学的真正鼻祖"。主要著作有《新工具论》《论古人的智慧》等。

　　总之，我们强调一切以时间、地点、条件为转移，设想把时间、空间看成一个盒子，物体在这个盒子里运动，所谓"时空隧道"，事物或人从隧道一端进入，从另一端出去，这虽然是一种幻想的描述，但它却又有深刻的哲学道理。时间和空间本是基本物质存在和运动的状态，事物有自己的空间、自己的时间。事物的尺度大小、形状和高矮是事物本身的状态，事物也有自己的产生、变化和消亡，自己的时间。基本粒子从生成、蜕变到湮灭，是基本粒子自己的时间，一棵植物从发芽、开花到结果是植物自己的时间，一个人从诞生、幼年、少年到中年、老年是人自己的时间。要与时俱进，是说我们的思想、工作计划和措施要适应事物的时间状态，好比我们对自己孩子的教育，必须随着孩子的成长而改变，又如不能用教小学生的办法教大学生。有的父母在孩子幼小时训诫孩子，到子女成为大人后仍然把子女当幼小儿童来训诫，这就没有与时俱进。

　　用静止的眼光看问题，就是形而上学；时间的特点是它总在不断变化，总在向前持续发展，任何事物在每一瞬间都与它在前一瞬间和后一瞬间不一样，世界上没有在任何时间都完全相同的河流，正如一位古希腊哲学家所说，人不能两次踏进同一条河流，因为在不同瞬间根本就没有完全一样的河流。时间只有向前流，时间只有向前这一个方向，或者按一个电视剧里所说只是"昨天越来越多，明天越来越少"。

　　时间进入21世纪，对国内，现在我们面临的虽然不一定说是一场巨大的革命，实际上是在马克思主义理论指导下对我国社会主义制度的自我完善和发展，是在进行一场建立中国特色社会主义社会的史无前例的创举。而国际形势又复杂多变，世界正处于大发展大变革大调整时期。和平、发展、合作的时代潮流更加强劲，社会主义和资本主义将会在相当长时间内在斗争与合作、影响和渗透中共存，彼此的斗争将反映在生产力水平和综合国力上；在文化上，世界范围内的文化交流日趋广泛，先进的文化、腐朽的因素都不可避免地进入到我们的国家。如何运用科技发明造福人类，也是全人类关心的重大问题；环境问题、可持续发展等都摆在本世纪的人们面前。与此同时，国际形势中的不稳定不确定因素给世界和平与发展带来严峻挑战。中国的前途命运日益紧密地同世界的前途命运联系在一起，在当前国际国内形势下，我国发展面临的机遇前所未有，面对的挑战也前所未有，这就是我们面临的时代。我们只能积极应对前进道路上的各种新情况、新问题。我们必须按照马克思主义的哲学原理包括认识论、方法论认识现实、解决现实中的问题。

面对这日新月异的世界，党提出要坚持解放思想、实事求是、与时俱进。"解放思想、实事求是、与时俱进"这十二个字既简明又科学，又是相互联系、互为因果的，是不可分割的，内涵非常丰富，是非常完整的马克思主义的认识论、方法论，非常符合时代、符合实际。

与时俱进中的"时"，可理解为时间、时机、时势和时代。时间、时代是向前的，是新鲜的，而且我们必须清楚，世界的发展不是等速度而是加速度的。现代科学技术发展的速度越来越快，新的科技知识和信息量迅猛增加。根据英国学者詹姆斯·马丁的统计，人类知识的倍增周期，在 19 世纪为 50 年，20 世纪前半叶为 10 年左右，到了 20 世纪 70 年代，缩短为 5 年，80 年代末几乎已到了每 3 年翻一番的程度。大家都能感受到，21 世纪知识的更新更是日新月异。抓住时机、审时度势才能跟上时代的潮流，走在时代的前面，对时代的发展有所贡献，否则只能是阻碍前进，被时代所抛弃。

与时俱进，关键在"进"。"进"，要进步，前进、奋进、进取，还有超前的进，以及扬弃、转化、超越和发展，与时俱进的"进"就是在思想上、行动上能够反映和驾驭这种变化，而且还要使这种变化始终朝着前进的方向。同时"进"也是一个过程，即它是没有止境的。

与时俱进是马克思主义的理论品质，早在一百多年前，马克思就明确指出："辩证法在对现存事物的肯定的理解中同时包含对现存事物的否定的理解，即对现存事物的必然灭亡的理解；辩证法对每一种既成的形式都是从不断的运动中，因而也是从它的暂时性方面去理解；辩证法不崇拜任何东西，按其本质来说，它是批判的和革命的。"马克思主义理论本身就是与时俱进的，马克思说过："任何真正的哲学都是自己时代精神的精华"，"是文明的活动灵魂"，时代精神是一定时代的本质特征的表现。凡是真正的哲学都是该时代人类智慧的一种理论升华。马克思主义哲学之所以重视与时俱进，主要是使自己的哲学具有新前提、新内容、新形式、新发展和新形态，实际上共产主义运动、资本主义社会都在变化、发展中，马克思主义哲学也一直在不断发展和必须发展中。

对与时俱进的哲学理解，就是人们要随着社会实践的变化在对原有的思想和行为进行扬弃的过程中实现创新，从而推动社会发展实现创新。自我超越与自我批判也是马克思哲学的重要本质特征之一，马克思主义哲学就是在不断批判和超越中确立的，也是在批判和超越中发展的。马克思经常对自己提出的哲学观点作自我批判，不断修正自己的观点，是与时俱进的。

与时俱进，既是一种精神状态，又是一种思想方法，也是认识发展的一种特征和规律。从认识论角度讲，"与时俱进"就是与不断更替的时空俱进，与发展中的时代俱进，它是人类实践和认识发展的客观规律。与时俱进既体现在我们个体的认识与实践中，也体现在人类历史发展的长河中。"与时俱进"，是实践与认识发展的辩证法。"与时俱进"显示了人的实践与认识的统一。

我们既然生活在这个日新月异的时代，我们的一切活动，尤其是认识和思想就必须是与时俱进的。我们的认识应该随着时代、时间的变化而变化，随时代、时间的进展而进展，不要时代、时间变了而认识、思想仍不改变，甚至抱着过时的东西不放。而与时俱进的困难在于人们常常要求某种规定或原则必须始终如一,例如认为(至少实际上认为)要发展民族经济就需要始终如一地拒绝外国货、外资和外国人,始终保持没有内债又没有外债的局面。又例如,认为搞社会主义经济就不要市场、股票,等等。

在新形势下我们学习、生活、工作都必须及时更新,要有新意、有创新,否则就会被历史淘汰。

学习、充实新思想、新理念,在实践上要充分发挥主观能动性、创造性。例如我们现在提出"以人为本"是一个新的理念,是"与时俱进"的结果,是我们需要认真学习、体会和实践的,"以人为本"首先就是要尊重人、尊重人权、尊重人性,这和我们过去的思想、理念与实践有根本性的区别。

与时俱进,从根本上说,是使最广大人民的根本利益得到与时俱进,生产关系适合生产力的发展状况能与时俱进,"以人为本""可持续发展"与时俱进地落实。

打破旧思想的牢笼
——解放思想

可以说,全球都在与时俱进,时不我待,不进则退,同样,与时俱进也是因地制宜的,对于我国的确有更特殊的或更重要的意义。一方面我国是由"闭关锁国"飞跃到"改革开放",由社会主义计划经济转变为市场经济,我们必须进入或融入这个飞速发展、瞬息变化的"地球村",另一方面我们还有一个解放思想的问题。如上所述,与时俱进并不是什么新的提法,但对今天的我们似乎并不太熟悉,这是因为几千年来尤其是几十年来,我们的思想实在太禁锢,我们在历史的、特殊的环境影响下，养成了一种封闭的思维方式，盛行本本主义和教条主义，"故步自封""因循守旧"是我国传统的、顽固的习惯势力，"唯书、唯上"，"死抱教条"，迷信书本，个人崇拜，典型的是"两个凡是"，实行的是"闭关锁国"，拒绝不同主体间的交流与交往。在这种封闭思维方式作用下，思想僵化、死板，只要不符合原有的模式或标准就一概予以否定，而不管事实如何。

我们要解放思想，虽然我们对"解放"二字并不陌生，但"解放思想"应该说还是新颖的，它是粉碎"四人帮"后针对"两个凡是"提出、在改革开放后才出现的，为了打破思想牢笼就必须解放思想。

解放思想是指在马克思主义指导下打破习惯势力和主观偏见的束缚，研究新情况，解决新问题，使思想和实际、主观和客观相符合，实际上也就是实事求是。

现在我们还有许多不适应市场经济的思想、观念、习惯，我们要解放思想，包括要从长期计划经济时代形成的观念下解放出来。应该承认，我们还有一些同志对市场和市场经济存有一些偏见，而这种偏见是不利于经济发展的。在普通老百姓中这种偏见常常表现为：

1. 做生意的商人总是要骗人的，商人就知道赚钱，"无商不奸"，商人、大款必然为富不仁；

2. 发行股票就是为了集资，买卖股票就要投机倒把，助长人们的投机心理，因此不应该发行和买卖股票；

3. 做广告就要吹嘘，就助长浮夸，因此不仅要控制广告，应该停止广告宣传；

4. 学校要适应市场经济，医院要适应市场经济，就一定要为人民币服务、不为老百姓服务；适应市场经济，医院里就难免高收费和"送红包"，学校就难免乱招生和卖文凭；

5. 搞市场经济就要一切向钱看，官员向钱看，认为钱越多越好，一定会助长贪污腐败，难怪现在腐败分子那么多；

6. 建设中国特色社会主义，而社会主义又大搞市场经济，实际上成了建设"有中国特色的资本主义"。

为了打破思想牢笼就必须解放思想，可以说解放思想的提法本身就是与时俱进的结果。简单地说，解放思想的"解"就是"解开""解脱""解开禁锢"，"放"就是"放开"，达到自由。解放思想就是打开思想禁锢，上述的种种观念和习惯势力就是思想禁锢，唯有打开这些禁锢，我们的思想才能解放。而几千年来、几十年来，这些框框在我们国家还是相当严重而牢固的，而要冲破这些框框又是非常不容易的，要解放思想，首先要解放自己，要自己解放自己，要从过去一个时期盛行的教条主义的精神枷锁中解脱出来。解放思想就是要思想解放，而思想解放的基础是实现思维方式转型，要坚决解除一切妨碍发展、妨碍科学发展的思想观念。

离开实践，解放思想就没有生机与活力，就什么事情也解决不了。解放思想作为一种客观历史实践活动，包含着实践的内容。解放思想的过程，就是客观地发现问题、切实地解决问题的实践过程。实践无止境，解放思想也没有止境。随着实践的发展，原来与之相适应的发展理念、做法等又变得不适应新形势新实践，这就要求有新一轮的思想解放。解放思想绝对不是空谈，也不是空想，它必须以实践为基础，又付诸实践，并在实践中不断发展。

变革、创新是需要勇气的，解放思想不容易，在实践上变革、创新更不容易，解放思想也可以说要有思想上的革命，要冲破旧的思想牢笼，克服各种阻力，所以解放思想、改革、创新都需要勇气，要有"特殊的勇气"，所谓"特殊的勇气"首先是有"拿自己开刀"的精神和勇气，要有坚持改革的顽强的毅力和超人的智慧，要敢于"标新立异"，敢于独立思考，敢于提出和发表不同见解；坚决和努力破除僵化的思想，更要有"大公无私"的共产主义胸怀。

坚持实事求是的思想路线，必须发扬社会主义民主，坚持和健全民主集中制，人们"解放思想""标新立异"，思想不致僵化是要有客观条件的，没有健全的民主制度、宽松的政治氛围，人们的思想只能在没有思想的、没有生气的、没有独立思考的禁锢下，根本谈不上创新思维和创新成果。

改革开放以来我国的经济发展不仅是与时俱进的，而且与时俱进地取得了巨大的成就，但也出现和存在许多问题，这也是必然的，问题是我们也要与时俱进地关注出现的问题和解决问题。

光纤与网络
——迎新和创新

既然是创举当然就是创新性，创新性是解放思想的本质属性。邓小平同志指出："我们讲解放思想，是指在马克思主义指导下打破习惯势力和主观偏见的束缚，研究新情况，解决新问题。"

在新的形势下，我们面临种种的新问题，要求而且必须用新思想、新思路、新办法乃至新理论去面对和解决，所以解放思想的目的在于能够做到创新。真正的创新就是创造出前所未有的、能引起或导致重大的、明显的效果、效益。我想，提出"实践是检验真理的唯一标准"，从而冲破"两个凡是"的桎梏应该是典型的创新吧！因为它解开了我们思想的桎梏，拉开了改革开放的序幕，带来了我国社会前所未有的深刻变化。杨振宁教授在讲述什么是创新时，除列举科学技术外，还举例说流水线的观念，福特公司的创始人 Henry Ford，在 1908 年制造出来一个叫做模式 T 的汽车，这是人类汽车工业历史上最重要的第一次大规模生产的汽车。在 1919 年他又引进了流水线的观念，对于今天的世界，流水线的创新想法是划时代的，这说明创新应有的伟大作用。

创新的成功是运用创造性思维的结果。创造性思维仍是以实践为基础，也发端于问题。有整体性、综合性、突跃性和独创性的特征。据现代的脑科学的研究，人的右脑的功能主要是产生创造性设想或概念，左脑的功能主要是分析、论证和完善右脑所产生的创造性设想或概念，经过"产生设想"和"分析判断"的相互作用，才能产生创造性思维的成果。创造性思维的突跃性是指解决问题的创造性设想，往往伴随着顿悟、灵感等思维的飞跃，从而产生非常规的解决问题的构思或办法；创造性思维的独创性是指思维过程和结果有新颖性，是善于从非常规的角度或方面去思考问题，其思维成果或成就是以前没有的。

我们现在住在"地球村"，享受和使用着互联网、数码相机，这就是 2009 年诺贝尔物理学奖得主的创新成果。得主之一高锟在"有关光在纤维中的传输以用于光学通信方面"取得了光纤物理学上的突破性成果。

早在 1960 年，高锟在哈洛标准远程通信实验有限公司工作时，就开始探索光通信的奥秘。他在科学实验中发现，用玻璃纤维传递光信号，要比在大气中传递优越得多。1964 年 8 月，高锟在英国科学进展协会的会议上报告了自己的发现，提出"在未来的电话网络里，我们完全可以用光来代替电流，用玻璃纤维来代替导线，换句话说，实现新的一代通信技术——光纤通信"。1965 年，高锟和他的同事何克汉写成题为"介质纤维表面光频波导"的论文,认为可以用石英基玻璃纤维进行长距离传输光信息,并指出当光纤损耗由目前的每公里1000分贝下降到每公里20分贝之日,便是光纤通信成功之时。

高锟的学术论文引起了国际电子工程界广泛的注意。英国、美国、法国、联邦德国、日本的科学家纷纷开展了对光纤通信的研究。1970年,美国的科学家提高了石英玻璃的纯度,使光纤损耗下降到每公里20分贝。光纤信号能够清晰地送到2.5公里的距离,再经放大便可进行长距离的通信。1974年,科学研究使光纤损耗下降到每公里2分贝。两年后,光纤损耗下降到每公里1分贝。1979年,光纤通信进入商业运用,美国、法国、联邦德国都开始铺设光缆线路。20世纪80年代初,光纤损耗更下降到每公里0.5分贝,光纤通信进入了一个飞跃发展的阶段。1983年,从美国纽约到华盛顿的长达600公里的光缆线路开始运营。次年,美国东北部1250公里的光纤干线全部畅通。接着,日本建成了从北海道到九州长达2200公里的光缆干线,一条6630公里的国际光缆干线也开始在大西洋底敷设。光纤通信技术在人类通信中日益显示出它的巨大优势。

高锟在理论研究上造诣颇深,著作很多,他提出光导纤维在通信上应用的基本原理,描述了长程及高信息量光通信所需绝缘性纤维的结构和材料特性,同时开发了实现光通信所需的辅助性子系统,在单模纤维的构造、纤维的强度和耐久性、纤维连接器和耦合器以及扩散均衡特性等多个领域都作了大量的研究,而这些研究成果都是实现光纤通信的成功关键。

2009年高锟获得诺贝尔物理学奖,瑞典皇家科学院表示:"今年的诺贝尔物理学奖因为两项科学成就而颁发,这些成就帮助奠定了当今网络社会的基础。他们做出了有益于日常生活的实用性创新,为科学探索提供了新工具。"高锟在"有关光在纤维中的传输以用于光学通信方面"取得了突破性成就。

另两位得主博伊尔和史密斯1969年共同发明了半导体成像器件——电荷耦合器件CCD图像传感器。这个传感器好似数码照相机的电子眼，通过用电子捕获光线来替代以往的胶片成像，摄影技术由此得到彻底革新。此外，这一发明也推动了医学和天文学的发展，在疾病诊断、人体透视及显微外科等领域都有着广泛用途。

通过实验提出创新的理论，被大家承认的创新理论引导实践，历经近50年的研究、开发创造了人间奇迹，这样的创新改变了世界面目，带给全人类福祉，使我们的地球变小，成为"地球村"。

生老病死，这或许是人类生命最为简洁的概括，但其中却蕴藏了无数的奥秘。获得2009年诺贝尔生理学或医学奖的三位美国科学家，凭借"发现端粒和端粒酶是如何保护染色体的"这一成果，揭开了人类衰老和罹患癌症等严重疾病的奥秘。

这些都是具有重大意义的创新，都是前所未有的，都导致世界包括人类的巨大变化。

新中国成立以来，尤其是改革开放后，我国科技工作者在科技创新上取得累累硕果。"当代毕昇"王选以汉字激光照排系统引发我国印刷业的一次革命，让中华汉字文化进入新的时代。"世界杂交水稻之父"袁隆平，创造性地运用杂交水稻，将水稻产量由亩产300公斤提升至500公斤以上，为世界粮食安全带来了福音。"两弹一星"，在艰难年代带给中国最有力的保护与最扬眉吐气的张扬；发射长征火箭、载人航天工程，让中国人翱翔太空。

我国工程院最年轻的院士、结束中国无"芯"历史的邓中翰深有体会地说："创新不单纯是科学研究，企业的自主创新还要能满足市

载人航天

场需求，实现大规模产业化，对社会对人类的文明进程有推动作用。"他还说："任何一个强国，除了强大的军事、政治、外交及经济力量外，一定还要具备强大的创新能力。"

创新是与创造不同的概念，但创造是创新的基础，认清创造需要的条件，对于分析创新是有帮助的，没有创造就不可能有创新。

创新是我们解放思想、与时俱进的主要目的，而解放思想、与时俱进也是能够创新、实现创新的条件和前提。作为条件和前提就包括个人的主观努力，也包括客观的环境和条件，主观努力是基础，如前所说要有新思想、新观点，敢于"标新立异"，思维活跃、刻苦钻研、坚持不懈、不畏艰苦、不图安逸、耐得寂寞、耐得清贫，不唯上、不唯权威、独立思考、勤于思考，不从众、不信邪而又有谦虚、谨慎和团结合作的精神。这一方面很重要。

在文艺工作中要百花齐放，也必须与时俱进，解放思想，敢于创新。例如，在一些人心目中，文艺作品反映社会主流、有社会价值同作品受群众欢迎、有票房价值是互相对立的，在符合主流、市场受欢迎、拍大片几者间，不可兼得，但是由于我们的文艺工作者勇于创新和协同努力，我国拍出了像《建国大业》这样的主流市场的大片，这是难能可贵的。

现在，许多人都在讲创新，其实，创新并不是那么好讲的，在技术上研究前所未有的器物或工艺，可以称为技术发明，可以获得专利，但仅仅有技术发明还不是确切意义上的技术创新，只有技术发明应用于生产并获得利润才是名副其实的技术创新（technology innovation）。正是在这个意义上，我们说技术创新能使一个企业或国家在激烈的竞争中站住脚跟，一些国家的一些汽车行业曾因世界金融危机陷入困境，但它们靠新能源利用方面的技术创新走出了困境，正是由于我国的许多部门在节能减排方面的技术创新，使我国的一些技术效能指标赶上了世界发达国家的水平。这样一些道理也适用于理论工作，并不是任何的提出前所未有的概念或观点都是理论创新，一种新思想只有在得到理解、认同和应用时，才称得上理论创新。正因为中国共产党在各个历史时期有重大的理论创新，党才能永葆青春活力，永具光明前途。因为有了电子通信、网络，现在，人们有什么意见，可以迅速向上级甚至直接向国家领导人反映、对话，中央有什么意图也可以迅速、直接向下面传播，社会的民主生活空前扩大，网络信息不仅将我们从上到下地密切联系起来，而且是高速的，同时就加速了我们的与时俱进。

第八章
我们需要和谐的世界、和谐的社会
——和谐哲学

事物的矛盾法则，即对立统一的法则是唯物辩证法的最根本的法则。矛盾的普遍性与矛盾的斗争性和同一性已经为众多人所了解。

以往的哲学多讲阶级斗争，那时的哲学也是"斗争哲学"，现在我们要建设社会主义和谐社会，也不能没有与社会主义和谐社会一致的和谐哲学。我没有能力确切表述科学又系统的和谐哲学，这恐怕不是通俗哲学文章能够完成的任务，但我以为通俗的和谐哲学大体上就是唯物辩证法，是更重视矛盾的同一性的辩证法，但是，为了说明辩证法，还得从矛盾的斗争性讲起。辩证法的基本观点是一切以时间、地点、空间和条件为转移，而辩证法的核心则是对立统一或矛盾规律。前面讲到的特殊与普遍、相对与绝对、量变与质变、肯定与否定、正确与错误，以及下面要讲的唯物辩证法的成对范畴，都是对立的统一，我们还要承认，矛盾、对立统一是普遍存在的，即处处有矛盾，时时、事事有矛盾，在自然界，特别在社会，在我们的生活中，都有矛盾。

有不同就有争执
——矛盾的斗争性

矛盾是指任何事物、任何过程都有两个方面，而且这两方面总是不同，有争斗、抵抗或争执的或者说总是一分为二的。事物都是对立的统一，总有它的两个相对独立的方面。从社会内容看，这两个方面在根本利益上常常是不一致的、相悖的或相冲突的，至少是有不同和差异的。在经济利益根本不同的地主与雇农、资本家与工人之间有矛盾斗争，比较容易说明，一些其他的矛盾两方面可能不大好说了。例如，提出认为工农之间是有矛盾的，那么，工人与农民之间是会有矛盾的吗？他们会有什么矛盾、什么不一致呢？

从根本利益说，工人和农民的利益是一致的，他们都在生产第一线工作，都靠出大力、流大汗生活，但是他们也有一些非基本利益的不一致。工人大都居住在城市，有比一般农民高一点的经济收入，工人也大都与现代化的大生产相联系。总的说，工人群众的眼界比较宽阔，对科学技术有所了解，因此，他们比农民有高一点的文化水平和文化要求，高一点的维权意识，有多一点的文化知识和政治觉悟，有更严密的组织性、纪律性，工人在国际问题、社会问题、生活问题上的看法往往会同长期与小生产联系的农民兄弟的看法有所不同，而差异或不同就是矛盾，也可以说就有分歧，而意见不同、争论就是矛盾，就难免有斗争。

有差异、有区别就有矛盾，在人类社会处处存在矛盾，大至国际上国家间，国内各企业间、民族间、领导和群众间、公司和员工间等等，小至家庭内夫妻间、父母和子女间都有矛盾。

我们要建设中国特色社会主义社会，要从计划经济转变为市场经济，又在"地球村"里，面临很多新问题，如改制安置、拆迁、农民负担、干部作风、社会集资、环境污染、贪污腐败、贫富悬殊等等，都会导致多种矛盾。在我们现实社会中，还有许多差异，例如城市中原有的工人和农民工间；富豪、大款和贫困老百姓间；企业高层和员工间，各级官员和群众间、各地区间，等等。在这些关系间都应该是没有根本的利害冲突，但有差异，因此也就有矛盾。

有矛盾就有斗争，就有为解决矛盾的斗争。例如发生在2008年6月22日的贵州省瓮安事件，后果相当严重，这起事件的表面起因只是一名女中学生的死亡，但暴露的根本问题却是县领导或县政府和人民群众的多种矛盾。贵州省委书记石宗源说："是由于瓮安县在矿产资源开发、移民安置、建筑拆迁等工作中，侵犯群众利益的事情屡屡发生，而在处置这些矛盾纠纷和群体事件过程中，一些干部作风粗暴、工作方法简单，甚至随意动用警力。他们工作不作为、不到位，一出事，就把公安机关推上第一线，群众意见很大，不但导致干群关系紧张，而且促使警民关系紧张。加之有的领导干部和公安民警长期以来失职渎职，对黑恶势力及严重刑事犯罪、群众反映的治安热点问题重视不够、打击不力，刑事发案率高、破案率低，导致社会治安不好，群众对此反应十分强烈。"这是一起典型的激化了的人民内部矛盾，事情原委相当复杂，多种矛盾交叉，石宗源说："这起事件看似偶然，实属必然，是迟早都会发生的。对此，瓮安县委、县政府、县公安局和有关部门的领导干部负有不可推卸的责任。"

当然，在社会中还有根本利益不一致的矛盾、对抗性的矛盾，如在奴隶社会有奴隶主与奴隶的矛盾，在我们今天的社会有人民群众与贪污腐败分子的矛盾，这些矛盾都是不可调和的，甚至是你死我活的。在我们的现实社会，不再特别强调阶级斗争，但是，并不等于现在已经完完全全没有任何对抗，贪污盗窃分子（包括盗窃国家机密的人）与人民群众的矛盾仍然是对抗性矛盾，我们不可彻底失去警惕。

和谐、合作、共赢
——矛盾的同一性

互利、共赢 关于矛盾的同一性，毛泽东在《矛盾论》中指出，矛盾的同一性就是矛盾双方在一定条件下的"互相贯通、互相联结、互相合作、互相渗透、互相依赖"。他还指出，矛盾的同一性还在于"矛盾着的事物的互相转化"，并且举出国民党在不同的条件下由革命转变为反革命和又被迫抗日的变化，指出"其间包含了一定的同一性"。

和谐哲学当然应是辩证唯物主义的哲学，它认为对立统一规律是辩证法的基本规律，但它不能只强调对立面的斗争，只强调矛盾的斗争性。和谐哲学需要多讲矛盾的同一性——矛盾双方在一定条件下的互相依存、互相联系、互相依赖与互利共赢。所以和谐哲学研究的是正确地认识矛盾，积极地化解矛盾。重视矛盾的同一性，从而重视和谐、互利、共赢，是和谐哲学的重要内容，是过去的哲学没有讲或没有多讲到的，现在我们需要认真研究与和谐、互利、共赢有关的问题。

重复地说，关于对立统一，我们过去多探讨矛盾的斗争、对抗、一方推翻另一方和一方克服另一方，现在，从和谐哲学考虑，我们今天不能只讲矛盾的斗争性和斗争的绝对性，我们要多研究矛盾的同一性，包括同一的条件，达到同一所采取的方法。例如，要研究一方对另一方的谅解、容忍、忍耐、接纳、包容、让步和妥协，以及它们的指称、内涵、必要性、可能性。我们还需要认真研究与和谐、互利、共赢有关的问题，这种研究或许对建立和谐的人际关系、国家关系乃至和谐的国际关系有益。

从和谐哲学考虑，只有矛盾是双方谁也离不开谁的关系，有许多矛盾双方有一荣俱荣、一损俱损的关系，双方的矛盾是在利益一致基础上的矛盾，矛盾双方较量或"抗衡"的结果不是一方吃掉另一方，而是双方的共赢。"共赢"的观念是过去的哲学没有的观念。共赢，并不是不要缩小社会生活中的差别。如果需要和可能，还应当尽可能缩小差别。为了共赢我们今天就很需要进一步缩小以下的差别：城乡的差别、工农差别、落后地区和先进地区的差别、贫富的差别、边远地区和沿海地区的差别，等等。

其实，矛盾双方的同一性，矛盾双方的相互依存就包括了矛盾双方互利共赢的意思。国内外著名企业的成功实践告诉我们，公司的成功源于公司与员工的关系，定位于一种合作关系，即合作伙伴关系，决不是雇佣关系。就企业来讲，没有员工的劳动热情和积极性，就不可能有企业的发展，由此，为员工提高工资，增加福利，改善劳动条件等就成为企业必须承担的社会责任。就员工来讲，没有企业的发展，员工的根本利益也同样没有保证，"互利共赢"是构建和谐稳定劳企关系的基本理念。

现在全球成了"地球村"，在"村"里有大国、强国、富国，也有小国、弱国、穷国，各种各样的矛盾斗争不断，中国作为世界大国、经济大国，举足轻重，然而却也因此引起各国从不同角度，对我国有各种作为。如何处理好在纷繁复杂的世界大家庭中的关系，赢得发展的良好外部环境，是我国必须认真思考的问题。我们要与各国共同分享发展机遇，推动建设持久和平、共同繁荣的和谐世界；中国将始终不渝走和平发展道路，与世界各国实现合作共赢。经济上要相互合作、优势互补，共同推动经济全球化朝着均衡、普惠、共赢方向发展，文化上相互借鉴、求同存异，尊重世界多样性，共同促进人类文明繁荣进步，安全上相互信任、加强合作，坚持用和平方式而不是战争手段解决国际争端，共同维护世界和平稳定。我们还要支持国际社会帮助发展中国家增强自主创新能力、改善民生，缩小南北差距。我国同发展中国家的合作并不是单方面施恩给别人，合作是相互的，我们的目标是实现共赢，这一点也得到了广大发展中国家的认可。和平、和谐、共赢已经成为新阶段我国外交的新理念。

现在合作共赢已经成为我国乃至全球的共识，全球的多种合作组织如 G20 等无一不是为了本国利益和全球的稳定，在互利共赢的原则下组织起来的。如上海合作组织成员国连接欧亚大陆，能源资源丰富，地缘位置重要，各国经济互补性强，市场联系日趋紧密，都面临发展经济、改善民生的共同任务，也都面临继续应对国际金融危机、保持本国经济平稳较快发展的紧迫要求，只有合作共赢才是各国最好的发展出路。

合作、共赢的理念对我国的经济发展、社会稳定起了重要的作用。为了我国西部的发展，农业部和西部九省政府主办以"统筹、发展、合作、共赢"为主题的中国西部国际博览会，对西部开发起了很大的作用。以 2009 年第十届、为期 5 天的西博会为例，根据西博会组委会的统计，西部 12 省区市及新疆生产建设兵团这 13 个单位，共取得了 5900 多亿元的中外投资，充分体现了西博会坚持西部省区市"共办、共享、共赢"的办会理念的正确性。2007 年国务院批准并下发了《东北地区振兴规划》，提出了东北振兴的目标，实践证明，党中央、国务院关于振兴东北地区等老工业基地的战略决策完全正确。

以上是从国家、国际的大方面论及合作共赢，其实，任何一个单位，甚至是两个合作者之间都存在着相互合作、协调，只有相互信任才能取得事业的成功。

有人说："所以要求人们自觉地树立起和谐共赢的意识，是因为它既是人类社会几千年竞争发展的必然趋势，也是社会向更高文明层次发展的必然结果。无数史实证明，任何恶性竞争或只顾自身利益的竞争，最终导致的，要不就是一方受损，要不就是彼此皆亏，既不符合人类科学发展的规律，也有悖于人伦和道义。更何况经济全球化的进入和社会分工的更加细致，携手合作、实现共赢就成了必然要求。树立和谐、互利、共赢的理念，就是实现竞争与合作的有机结合，是公平良性的竞争，是彼此和谐的合作，正可谓人人均得利，个个皆欢喜。这是一个有利于社会的发展、人性的净化的过程。"我觉得这话有道理。

妥协 妥协是一种良好的合作性的行为，是以让步的方式避免冲突或争执，是获得共赢的基本条件和重要保证，人们用"最大公约数"来比喻拥有的共同利益，而妥协就是在不同数字之间寻找一个公约数的过程。例如对于欧盟来说，联合自强，成为强大的政治、经济集团是各成员国的共同目标，适当的让步，部分利益的放弃，是以退为进的策略，一位欧盟官员曾说：经过这么多年，妥协逐步成了欧盟的一种品格，"是我们制胜的法宝"。我国地区之间的合作也是如此，比如辽宁中部城市群七城市间存在许多差别，但是为了共同的发展，达成这样的共识：共同建立中部城市群经济区，通过联合合作实现共同发展，这里当然存在妥协。尽管合作中仍存在利益主体之间的矛盾，但联合自强、共同发展才是最大的"公约数"。的确，从地区到全国，从国内到国际，在很多问题上，用理性的妥协来求得共赢的结局正在成为更多人的共识。

家和万事兴
——化解矛盾

《中共中央关于构建社会主义和谐社会若干重大问题的决定》说,"社会和谐是中国特色社会主义的本质属性,是国家富强、民族振兴、人民幸福的重要保证"。又说"任何社会都不可能没有矛盾,人类社会总是在矛盾运动中发展进步的。构建社会主义和谐社会是一个不断化解社会矛盾的持续过程","目前,中国社会总体上是和谐的。但是,也存在不少影响社会和谐的矛盾和问题……我们要始终保持清醒头脑居安思危,深刻认识中国发展的阶段性特征,科学分析影响社会和谐的矛盾和问题及其产生的不和谐因素,更加积极主动地正视矛盾、化解矛盾,最大限度地增加和谐因素,最大限度地减少不和谐因素,不断促进社会和谐"。《决定》提出的内容正是和谐哲学的一个重要方面,即正确地认识矛盾,积极地应对矛盾、处理矛盾、化解矛盾。

现阶段,中国社会的矛盾具有频发性、多样性、复杂性、阶段性特征,正确处理这些矛盾是构建社会主义和谐社会的重要内容与迫切任务。由于社会矛盾的多变性、事物内部条件的不确定性,客观上增加了矛盾的处理难度,例如在处理一个矛盾事件时,如果一方利用一些手段,比如权力,就会使矛盾更加激化和尖锐。

家庭间、邻里间、同事间、同学间、干群间、官兵间等,凡是有人群的地方就有人际关系,就会有矛盾,而所有的矛盾基本上应该都是非对抗性的,但在市场经济条件下,人民内部矛盾出现了某些对抗性因素,使对抗性矛盾与非对抗性矛盾并存,如果处理得不当,或者失去警觉，非对抗性矛盾就容易演变成对抗性矛盾。我们不能回避矛盾，我们必须要减少矛盾、缓和矛盾或叫化解矛盾。

对于非对抗性的矛盾，可以用化解矛盾的办法解决，这时的化解矛盾就具有消除矛盾的含义。例如，对于醉酒驾驶，我们不仅要惩罚司机，还要追究明知司机醉酒开车而不加劝阻继续乘车的乘客的责任，这样，或许有助于杜绝酒后开车；再如，对于行贿受贿，我们不仅要惩罚受贿的干部，也要追究行贿的人，这样可能会减少案件的发生。

化解矛盾是说要用适当方式解决矛盾，特别要化解人民内部矛盾，用矛盾双方都能接受的办法解决矛盾，而不是激化矛盾。化解矛盾应当成为工作方法，在实际生活中，有的矛盾本来是可以化解和软化的，只不过有时被人为地硬化了。化解人民内部矛盾首先要善于分析矛盾，善于抓主要矛盾和矛盾的主要方面，既不是和事老，和稀泥，各打五十大板，更不能不分青红皂白，胡乱判断激化矛盾，而要在深入调查、认真分析的基础上，合情合理地解决矛盾，使矛盾双方都心悦诚服。

由于现实的矛盾多是老百姓和当地政府或官员间的，作为矛盾的主要方面更必须接受群众意见，多做自我检查、反省，吸取群众意见和建议，改进工作、改变作风，否则就会更加激化矛盾。作为上级领导就必须秉公办事，绝不可以袒护、包庇当地政府或官员，否则就更会激化矛盾，乃至酿成事件。

为了解决和化解矛盾，可以设想一些缓和的办法。从小处说，例如，学校对于多次考试不及格的学生不一定就勒令退学或开除，如果可像足球比赛那样先给不及格学生以黄牌警告，两次黄牌，再采取措施。再如，对于违反纪律的初犯（不论是干部还是学生），也可以采用先黄牌警告的办法。在做化解矛盾的工作中，我们要尽可能把对抗性矛盾化解为非对抗性矛盾，把敌我矛盾化解为人民内部矛盾，如帮助犯人悔过自新，但更要防止人民内部矛盾激化为对抗性矛盾。

化解人民内部矛盾必须本着"以人为本"的原则，例如企业的体制改革最直接涉及企业员工利益，也就非常容易引起矛盾，吉林国企通钢事件是典型例子。关键问题就是在国有钢厂被民营企业合并时（这本身就值得研究）不仅造成大量国有资产流失，而且造成相当数量的工人失业，导致矛盾严重激化。

当代，在我国社会，凡是符合人民群众利益、反映人民群众要求的政策与法规，一般都会得到人民群众的拥护与支持，反之就会遭到人民群众的反对。对人民群众坚决反对的东西，必须坚决舍弃，否则就会站到人民群众的对立面，就可能引起激烈的矛盾。在化解人民内部矛盾时，要找准症结，敢于反躬自问，主动化解矛盾。

当然坚持和谐哲学理念并不是模糊和取消矛盾，也不是不讲矛盾的斗争性，而是区别矛盾斗争的不同性质和具体发展阶段，采取不同的形式和方法，掌握不同的火候和分寸，正确处理和化解矛盾。比如当前涉及群众利益引发的矛盾很多，在处理这些矛盾的实践中要坚持和谐共赢的理念就能妥善解决，实现社会稳定、政治安定，反之则会导致对立、冲突甚至引发局部的动乱，造成巨大的政治和经济损失。

在构建和谐社会实践中坚持和谐哲学理念，就是要善于从对立的事物中看到统一性，看到它们怎样相互依存、相互渗透、相互转化，进而找到解决矛盾的办法。目前我们的社会总体上是和谐的，但应认识到差别和利益冲突将长期存在。对于这些矛盾和问题要用和谐的思维去认识，用和谐的态度去对待，用和谐的方式去处理，在工作方式、方法上要深入调查、认真分析，更要耐心、细致、公正、公平，使和谐哲学成为我们的世界观和方法论。

哲学是时代的精华，是在思想上反映出来的时代内容，同时，时代变化需要哲学提供科学的方法论基础，当前我国构建社会主义和谐社会的实践，需要新的科学社会主义理论和政治理论、新的经济学理论，更需要新的哲学，为构建和谐社会提供科学的方法论基础，即创立一种与和谐社会相一致的新哲学——它的名称，或许是和谐哲学，但是，它究竟是不是和谐哲学？如果是，其内涵和外延又如何界定和把握？怎样处理和谐哲学与其他哲学的关系？可能还需要理论权威来讨论。

总之，我们讨论的和谐哲学是马克思主义辩证法大旗下的哲学，而辩证法是大智慧，坚持和谐哲学理念，要敬重和善待对方，营造"我为人人、人人为我"的社会氛围，倡导与人为善、尊老爱幼、扶贫济困、礼让宽容的人际关系，和谐哲学要促进矛盾的转化和化解矛盾。

何有"第一"
——主次难分

我们曾听过议论某某因素第一，如说人的因素第一，所以要注重发挥人的作用。

说第一，就是强调重要或很重要的意思。确实，在面临多个矛盾时，要善于抓住主要的矛盾，在矛盾的两方面中，要抓重要的矛盾方面，学会分清主次，对于认识世界，处理、解决矛盾，处理工作，研究问题，做好习题和日常生活，都有重要意义。

但是，抓主要矛盾和矛盾的主要方面，即识别起决定作用或支配作用的因素并不是那么容易的，这也可能是由于缺乏深思熟虑，仅凭常识思考问题。例如对于目的和手段这对矛盾通常会认为目的比手段更重要，目的决定手段。但是，在实际工作中，人们往往会不难确定要做什么的目的，而苦于缺乏怎样做的手段。在这个时候，又可以说手段决定目的能否实现，而且，人们行动的目的常常会被忘记，而行动的手段却被保存下来，例如我们已不记得也不再谈论古代农民耕种的目的，而只是把他们的耕种手段永远保存在博物馆中。

在分清主次上的误区，常常是把不可缺少（必要）看成和论证为"主要"，把没有 A 就没有 B 或没有 A 就没有某系统，看成或论证为 A 是主要因素，如一方认为没有核磁共振机、超声检测仪、呼吸机等设备就没有高水平的医院，因此，医疗设备是医院的主要因素；另一方认为，没有高水平的医护人员就没有高水平的医院，因此，医护人员是医院的主要因素。这类分歧还可以举出更多，一些强词夺理就是靠"没有 A 就没有 B，因此 A 是主要因素"的逻辑来说的，例如说没有中国的产品出口就没有西方的金融危机，因此，中国的产品出口是西方金融危机发生的主要因素。

要分清主次，是不能用"没有什么就没有什么"的逻辑的，需要的是对某因素与其他因素关系的具体分析，只有具体分析出某因素确实有决定的、支配的作用，才能说明它是主要的。例如在农村，在有一批中、青年劳动力时，要实现机械化播种，却只有牛拉的犁杖，我们可以说这时需要拖拉机是主要的。而如果已经购买了一批拖拉机，却运转不起来，这时我们则可以说培养拖拉机手是主要的，抽象地谈拖拉机与拖拉机手哪个更重要，是没有意义的。

总之，没有甲就没有乙和其他的逻辑只能说明甲是必要的，不能说明甲是主要的，排除特殊情况，对于一个事物的各成分、一个系统的各要素，不能一般地说哪个成分或要素是有决定作用和支配作用的主要成分，正像不能一般地说计算机的软件与计算机硬件哪个更重要，不能一般地说人体的心、肝、肺、肾、胆哪个更主要，只能说它们都必要或者都重要。如果要问我们的航天专家，在宇宙飞船里哪个部件最主要，得到的回答是除了都重要外，大概没有别的。

分清主次的困难还在于，矛盾中的主次关系是可以在一定条件下互相转化的，在一些矛盾中，原来的非主要矛盾可以转化为主要矛盾，原来矛盾的主要方面可以转化为次要方面，我们要注意研究客观条件、矛盾性质，而不能固守原来的认识。上述通钢事件就是主次矛盾转化的例子，本来体制改革是主要矛盾，但是因为没有"以人为本"，矛盾转化为企业员工和企业的矛盾，使体制改革这个主要矛盾没法进行。可见在抓主要矛盾时，也不能忽视次要矛盾，要防止矛盾的转化。

我们要建立和谐社会，要实现以人为本的理念，就必须充分发扬民主，充分尊重人民的各种权利，包括话语权，允许人民发表自己的意见和观点，发展并完善中国共产党领导的多党合作和政治协商制度，认真贯彻"长期共存、互相监督、肝胆相照、荣辱与共"的基本方针，创建宽松稳定、团结和谐的政治环境。

第九章
变简单为复杂
——唯物辩证法的范畴

在古代，辩证法和诡辩几乎是同时产生的，现在，仍然有人认为辩证法是诡辩。表面看，辩证法是有点像变戏法，例如它会把复杂的东西变简单，也会把简单的东西变复杂。世界上五彩缤纷、千奇百怪的各种事物，无论是无机物，还是生命体，它用"世界的物质性"一个词来说明，这就变复杂为简单。而对下雨、石头、鸡蛋等则用一堆概念来表述，例如某石头产生的原因与结果，它的现象与本质，它的内容与形式，它发展的可能性与现实性，等等，这就把简单变复杂了。其实，不这样也不可能。

人们只能用概念来表述事物，如用"刚毅""坚强""豪爽"来说明一个男子，在说明整个世界时当然会用到许多概念，最基本的概括与抽象程度较高的概念就是范畴。前面说的"事实""实践""认识"都是哲学范畴，本章要说的是唯物辩证法的成对范畴，例如，原因与结果、内容与形式、可能性与现实性等。在这里只是说对事物可以用很多概念包括大概念，大得不能再大的概念或范畴来说明。当然也可以理解为搞哲学的人的自嘲或说大话、空话。

对范畴，最困难的是给它们下定义（难怪有年轻人把范畴叫"犯愁"）。

按形式逻辑规则，所谓下定义，就是要把需要下定义的概念包含在比它更大的概念之中，再加上被下定义概念对象的特点，如勉强把人定义为有理性、能劳动、会说话的高等动物，高等动物的概念就比人的概念大，有理性、能劳动和会说话则是人的本质特点。

但给范畴下定义是很困难的，范畴本身就是大概念，而且是大得不能再大的概念，几乎不能把它放在更大的概念中。例如，我们可以说：

1. 人是有理性、会说话的高等动物；
2. 高等动物是发育最完备、会行走的生物；
3. 生物是能进行新陈代谢的生命物质。

这里的每一步似乎都合乎逻辑，但还留下一个无法解决的问题，没有办法找到比物质更大的概念。

这样，我们就可以有两种定义：一种是逻辑规则定义，另一种是特征描述定义。对于范畴，大概只能用描述性定义。例如，原因和结果，我们可以这样描述：在相互作用中，被引起者或被产生者是结果，引起者、产生者是原因，我们不可能把原因定义为产生其他东西的因素，因为"因素"的概念同样是无法定义的。

为说明定义的困难，再举一个例子：

1. 拖拉机是能牵引行走的机器；
2. 机器是人操作和劳动的手段；
3. 手段是为达到目的所运用的一切。

在这个例子中，用"一切"来定义手段，或把手段定义为"为达到目的所需要的知识、工具、能力和条件的总和"，都难以说明问题，而且,"一切""总和"是同义词,一定要定义清楚,就难免同义语反复,说车轱辘话,也许,我们不需要对任何概念都下定义,除了动物分类学家,一般人不必给苍蝇、蚊子下定义,对于范畴,用描述性的说法可能也行。

"无风不起浪"
——原因与结果

世间万物都在普遍的相互联系中,普遍联系就有普遍的相互作用,其中被作用而产生和引起者是结果,引起者或产生者是原因。人们常说的"无风不起浪",起浪是结果,风吹是原因,当然,实际上无风也能起浪,而且可能是巨浪,如海啸,如果发生地震,地球表面剧烈震动,就可能产生海啸,这时,地震是原因,海啸是结果。

在世界的纷繁复杂的因素中,凡对某事物起作用的因素或"作用者"是原因,而被作用的因素或"被产生者""被制造者"是结果,世界上没有无原因的结果,也没有无结果的原因,原因和结果肯定是成对存在的。

原因与结果是世界普遍联系和永恒发展链条中重要的一环,可以说,自人类诞生就开始了对事物的因果联系的认识。原因和结果是矛盾对立面的统一体,它们既相互依存、相互包含、相互转化,又有相互排斥、相互对立的一面。原因和结果是不可分割的,结果是原因的结果,原因是结果的原因。作为原因和结果之间的作用和被作用而言,二者是相互包含的,但要问,太阳晒使人们感到热这二者并不相互包含呀?而太阳晒所引起的作用却包含在我们感到热的结果之中。我们说原因和结果相互转化和互为因果更是实际存在,例如人类砍伐

爱因斯坦

A. 爱因斯坦（1879—1955），20世纪最伟大的科学家，现代物理学革命的开创者、引领者。生于德国，后移居美国并加入美国国籍。1905年提出光量子理论和光电效应定律，首次揭示微观世界的波粒二象性，成为量子论的先驱者。同年创立狭义相对论，彻底颠覆了牛顿物理学的绝对时空观。同时提出质能方程，揭示了物质通过核反应释放巨大能量的原理。1915年创立广义相对论，对引力与空间的关系作出全新的解释，奠定了现代宇宙学的基础。晚年致力于研究统一场论，力图将相对论和量子论统一起来。因发现光电效应定律和创立狭义相对论，两次获诺贝尔物理学奖。在社会生活领域，他毕生热爱和平与进步事业，反对军国主义、法西斯主义和帝国主义。二战期间向美国领导人建议抢在纳粹德国之前研制原子弹，但后来强烈反对使用核武器。

森林和破坏植被而引起水土流失，前者是原因，后者是结果，而水土流失又进一步破坏森林和植被，水土流失又成为森林破坏的原因，森林破坏是结果，这就是生态系统的反馈。系统和环境间、系统内部各要素间的相互转化是现代系统论的客观基础。如何判断事物或系统的因果关系，我们将在下一章做些介绍。

因果关系的普遍性已经为自然科学和社会科学的实践所证明，虽然因果关系是多样而复杂的，但有因必有果的因果律是肯定存在的。爱因斯坦说："西方科学是建立在以因果律为基础的形式逻辑之上。"

原因和结果是最基本的思维形式之一，人们一般都不会停留在或满足于知道事实，而一定要追问原因，追问为什么，它就是科学思维的第一步。但是由于事物的复杂性，所以我们在探索原因时，不能仅依据前件和后件的几次重复就判断前件是后件的原因，因为先出现的并不一定是原因，后出现的不一定是结果，虽然一般来说，有先因后果的关系。探究事物产生的原因是认识事物本质的必经之路，是科学发现的基础。对因果性的认识有助于我们有意识地创造条件为促进某事物的产生和发展创造条件做出努力。例如我们已经明确了水土流失是大量砍伐森林的结果，就要尽量减少对森林的砍伐。

由于原因和结果的复杂性，人们通常将引起结果的原因分为几种情况，即充分的、必要的、充分必要的、部分的以及单一的和多种或多方面的（当然必有主次之分）以及一因多果和多因一果的情况。人们在分析原因和结果时必须认真分清真正的原因和条件，分析一件事情的结果可能找出许多原因，而经过认真探明和分析，才能找出最根本的原因，这在法律工作中非常重要。科学研究离不开对原因和结果的分析，深入分析、探讨事物或现象产生的原因，常常能导致创新的成就。例如前面介绍的道尔顿和吕萨克之争，表面看起来似乎都有道理，因此争论不休，而且引起原子量测量的混乱，最终是阿伏伽德罗在认真研究了吕萨克的实验、研究后，发现他们争论的根本原因是没有认识到物质有分子状态（这是非常重要的发现）。

可以说从线性思维看，一般情况多是一因一果，但从非线性思维看则多是多因一果。例如，实际上是非线性思维的我国中医理论和治疗则是按多因一果的原则，即认为一个病人的病（结果）多不是单一原因（原因）的，而是由多个器官、血液、经络等综合作用的结果。

分析和探讨事物或事件（结果）的原因不仅要有充分的知识，而且应该有良好的逻辑思维和知识，尤其是法律工作者。

教科书认为，一般人们也这样看，原因在时间上是先于结果的，即普遍流传的是"前因后果"的观点,但是,我却认为因果关系很可能是同时发生的,为此我曾写过一篇《前因后果说质疑》的短文,现将情况和短文转述如下。

我们的哲学,包括哲学教科书除了讲辩证法的特征、规律,还讲辩证法的范畴,特别是成对的范畴包括本质与现象、内容与形式、结构与功能、原因与结果等。

20世纪50年代,在我还是一个学生的时候,就从教科书和老师那里知道原因与结果是对立统一的,但总是先有原因后有结果,即人们常说的前因后果,即这对范畴是历时性的。我在学习时,曾设想原因与结果有可能不是有先有后的,而可能是同时的,那时我曾把这个因果同时的设想向一位老师请教,那位老师有点讽刺地说,你如果能证明因果同时,那会是一大发明!我当时不完全想得通,真写了一篇题为"前因后果说质疑"的短文,并发表在《光明日报》的《哲学副刊》上。短文发表后,我的一位很要好的同事则对我说,你过去一直谨慎,为什么现在要冒这个风险?但是,我现在仍然要凭回忆把该文的观点再写一遍:

除可能性与现实性外,其余所有成对范畴反映的事物、事件都属于同时存在的过程,是同时性的。例如,有现象同时就有本质,也不能说先有内容后有形式,有内容同时就有形式,有形式同时就有内容,但唯独对原因与结果,无论是教科书或老师讲课,都认为是先有原因、后有结果的,都有着"前因后果"的时间顺序。

可是,我认为这种时间顺序即先有原因、后有结果的观点是可以怀疑的,可能有人会说前因后果是事实,无须怀疑,难道不是天先下雨(有原因)再地皮湿(有结果)吗?实际上只要天有雨,同时就有空气灰尘减少、大气湿度增加等结果,地湿只是其中之一。

人们在主观认识上可能先认识结果，而暂时不知道原因，正像看到了事故却未查明事故的原因，但是，客观过程、事情或事故中的原因和结果却是同时存在的，如果在前段时间先有原因，没有后果，岂不是认为，在这段时间有无结果的原因了吗？如果设想，在后段时间，在先的原因过去了，才有在后的结果，岂不是承认了有无原因的结果？表面看，我年老时的脑中风（病情或结果）是在年轻时血压高（原因或病根）的后果，但这并不证明一定是前因后果的。实际上，年轻时的高血压病根就是同时有其产生的病变结果的，高血压发生的同时就伤害人的机体，如造成动脉硬化，这种因果作用的积累，就造成年老时的大结果——脑中风。

附带说，我不赞成前因后果，但并不反对因果作用的由量变到质变的积累过程，而且可能是有些小的因果作用在前，积累出现的大原因、大结果在后，一个人年轻时不努力学习在年轻时就有结果，如有的课程不及格或成绩不好，这个原因如果积累，在青年时就会有考不上大学的大结果，所谓"防微杜渐"是说不要使坏的因果作用积累起来。

其实，说没有前因后果并没有什么新道理，无非是重复没有无结果的原因，也没有无原因的结果而已。如果一定只承认前因后果，就会认为在有前因的时候没有结果，或认为在有后果的时候没有原因。事实上冰在受热（有原因起作用）时融化为水，水在受热（有原因在起作用）时水分子的缔合机构是随时在解体（有结果）的。年轻时有高血压就有轻度动脉硬化，动脉硬化会加重高血压，如此反复就会发生重度高血压病，并导致脑中风。任何事故的结果与事故的原因同时存在，人们要从发现结果中查明原因和责任。

虽然原因和结果是同时存在的，没有前因后果的时间顺序，但在日常生活中，在认识过程中，则通常是有前果后因的时间顺序的。人们总是在先遇到或发现某种情况后，才去探讨或追究这种情况为什么会发生。从认识的时间顺序说，有情况（知道结果）在先，探讨和追究为什么（知道原因）在后，恰恰与前因后果相反，类似的是现象与本质是同时存在的，不可以说先有现象、后有本质，但从认识过程看，则是先知道（发现）现象，后揭示（认识）本质。

可以说，是非的相对性以及因果的同时性，也是矛盾的同一性。

确认原因与结果的同时性，确认原因就在结果之中，也许对实际工作有点意义。我们常常看到报纸或广播在报道矿难、空难或海难时，有事故原因待查的提法，好像除了要了解事故出现的情况，可以另外去找事故的原因，以后再找事故的原因。事实上，事故的原因就在事故的情况之中，把事故情况分析清楚，就知道事故的原因，没有太大必要另找原因。或许说"事故原因待分析"更合适一些。

也许，并不是所有的成对范畴都不反映时间的先后，关于可能性与现实性，就是先有过程发展中的可能性，然后，才有可能性向现实性的转化。通常，实际存在的不只有一种可能性，而是有多种可能性。

怪坡和迷彩服
——现象与本质

前面提到，在沈阳和世界的其他一些地方都有所谓"怪坡现象"，在那里，汽车从坡底向坡顶开，可以不用油滑行，从另一个方向，则必须给油才能前进；人从一个方向走，可以不费力地上坡，从另一个方向走，却要费力下坡。怪坡吸引了许多科学家来测量，结果表明怪坡只是人们的视觉误差（是由怪坡的周围环境造成的人们的视角误差，实际上人们看到的坡顶比人们看到的坡底低）；又如，把一根筷子放在一碗水中，看起来筷子好像是折断了，其实，筷子并没有断，只是水会让筷子发出的光产生折射，使人们看起来像是筷子折断了，这时，筷子折断只是现象，实际上或本质上筷子仍然是直的。

一个对象的本质是该事物本身就具有的，不是其他对象给予的，但是，如果该对象未与其他对象发生联系或不在各个事物的联系中，该对象的性质和特点就不能表现出来。正如一个物体的重量是该物体自己具有的，不是天平或秤杆和秤砣给予的，但如果该物体不与天平或秤发生关系，该物体至少不可能准确地表现自己的重量。一个事物的组成要素和事物的内在结构是它的本质，是该事物的特点和性质所在，本质的东西通过一定的介质（例如空气或水）对外表现出来是现象，现象是本质的，本质是现象的，没有无本质的现象，也没有无现象的本质。尽管在认识过程上有从了解现象到揭示本质的顺序，但现象与本质是同时存在的，现象和本质是对立统一的关系，两者的对立表现为现象是表面的、可感知的，本质是内在的，只能靠抽象思维把握；现象是个别的、具体的、丰富的、生动的，本质是相对稳定的、单纯的、共性的、普遍的、深刻的；现象是多变的，本质是稳定的。两者的统一表现为它们之间是表现和被表现的关系，任何一方离开另一方都是不能存在的，是相互包含的。任何事物都是现象和本质的统一，本质决定现象，现象表现本质。现象和本质的对立和统一决定了科学研究的必要性和可能性，科学的任务即是透过现象认识本质。

任何事物或事情表现出来的现象都是由其本质决定的，唯有探清其本质才能清楚其现象，而人们又只能通过研究现象来认识本质，亚里士多德把认识自然现象背后的原因看作是哲学探索的基本任务。他

亚里士多德

亚里士多德（公元前384—前322），最负盛名的古希腊哲学家。系统总结了此前古希腊哲学的成就，创建了庞大的哲学体系。开创了逻辑学、伦理学、政治学等学科体系的研究，是沿用至今的形式逻辑的创始人。被马克思称为古希腊哲学家中"最博学的人"，近代以前被西方学术界视为最高权威，在西方思想史上有深远影响。主要著作有《论哲学》《工具论》《形而上学》《物理学》《尼各马可伦理学》《政治学》《诗学》等。

明确指出："认识是我们研究的目标；人们在掌握一样东西的为什么（即根本原因）之前，是不会认为自己认识了它的。"马克思说："如果事物的表现形式和事物的本质会直接合而为一，一切科学都成为多余的了。"西方科学的发展和进步正是由追究各种现象而发现它们的本质的。海王星的发现是一个典型的例子，当1781年人们已经发现天王星后，19世纪，在观测中发现它的运行总是不太"守规矩"，老是偏离预先计算出的轨道（现象），到1845年，已偏离有2度的角度了。这到底是什么原因呢？人们提出了许多设想，包括是否记录数据有误，经检查核实没有问题；是否计算有误，又被否定；是否牛顿的万有引力不"万有"，也不成立；还有人怀疑是否有彗星撞击，可是在那段时间实际上没有发生；这时人们怀疑存在一个未知力在影响天王星的运动。在1821年，法国天文学家波瓦德（Alexis Bouvard，1767—1843）就这样设想过，数学家贝塞尔（Friedrich Wilhelm Bessel，1784—1846，德国天文学家、数学家）和一些天文学家设想，在天王星的外侧，一定还存在一颗行星，由于它的引力（本质），才扰乱了天王星的运行。结果这个假设被大多数人认同，于是寻找此未知力成为热门。可是，天涯无际，到哪儿去寻找这颗新的行星呢？只有通过数学计算，1845年和1846年两位年轻的天文学家——英国的亚当斯（John Couch Adams，1819—1892）和法国的勒威耶（Urbain Jean Joseph Le Verrier，1811—1877，法国天文学家）在这个繁复的计算课题面前表现出高超的智慧和坚强的毅力，各自独立地算出了未知行星的质量和轨道，并由柏林天文台的加勒（Johann Gottfried Galle，1812—1910，德国天文学家）直接观测到，人们终于发现了位于天王星外的海王星，它距太阳的平均距离是45亿千米，比地球离太阳远30倍还多。人们公认是加勒、勒威耶和亚当斯共同发现了海王星（但是最近的资料表明亚当斯当时没有发表论文，而且可能存在计算不准等问题，是一件科学史上的疑案）。由此例可见，透过现象认识本质是多么不容易。阿尔伯特·爱因斯坦，在他和英费尔德合著的《物理学的进化》一书中，把探索自然奥秘比喻为侦探小说中寻找线索以破案的过程。从天王星运动不规律性之谜到海王星之发现，正是说明这个比喻的一个极好的典型案例。其实，爱因斯坦的这个比喻还意味着研究自然与研究社会有类似的方法和过程。

现象是本质的表现，但为什么还有假象呢？一般假象就是为了掩盖事物的本质，像自然界许多生物会有保护色，再比如在战场上为了迷惑对方所穿的迷彩服，就是隐蔽自身军人的本质；贪污分子所以不容易被发现，常常是因为他们做出了许多假象；而怪坡则是人们的错觉，而错觉就是我们对于事物的本质没有认识清楚，无论是假象还是错觉都需要我们通过实践、实验来认识本质。

社会现象常常是复杂的，要透过现象发现其本质也更加困难。例如现在发生的金融危机（现象）；我国老百姓的"看病难、看病贵"（现象）、农民的收入下降（现象）等，虽然肯定有其本质的原因，但是由于众多的因素的交叉和相互作用，要找出最本质的原因就相当困难。虽然这样，我们还是可以"拨开云雾见太阳"的，例如我国老百姓的"看病难、看病贵"的原因可能很多，但本质上就是我们的医疗政策没有落实"以人为本"，没有面向广大的人民群众。

"四人帮"在"文化大革命"中所犯下的滔天大罪，几乎毁掉我们的国家，原因非常非常复杂，但就其本质来说，就是"篡党夺权"。

贪官有大有小，表现也各种各样，但一般高层的贪官，通常不仅表现得能力强、眼界开阔、有胆有识、勤勤恳恳、平易近人，而且紧跟中央、业绩丰硕，往往是老百姓心中的好干部。他们在被查出贪污、腐败后都表现出极大的悔恨，表示自己"放松了政治理论学习，忽视了世界观改造""对不起党的培养和人民的嘱托"，等等，但就是不承认他们贪污、腐败的本质是对钱的贪婪。贪官在本质上都是相同的，区别仅在于手法不同。曾有一个"明星级"贪官说："当官不为财，请我都不来。"贪官的本质就是最大限度地攫取各种利益，金钱、权力、美色，他们不择手段，巧取豪夺，以填欲壑。贪官的本质是人们的私欲在官位上的表现，所以为官者必须严于律己，对自己严加管教，不断提高为人民服务的理念，加强意志锻炼，警惕和抵制各种利诱，认真、刻苦地克服自私、贪婪的心理。实际上做到这些的确是很不容易的，尤其是在现在的市场经济环境中，是要付出极大努力甚至是代价的，包括得罪上级领导、得罪亲朋好友，成为孤家寡人，众叛亲离，不仅晋升不了，还可能被降级处理，等等，我说这些不是为贪官辩护，因为我们的官员的多数甚至绝大多数是清官嘛。

新闻工作者要在很短的时间内，透过事件的现象看到事件的本质更是不容易，所谓"新闻工作者或媒体必须有一双敏锐的眼睛"，善于快速地抓住事情或事件的本质。例如，据介绍，2001年岁末，浙江义乌大陈镇首次组织了5000多名外来务工人员参加当地镇人代会选举，有7名外来务工人员当选为大陈镇新一届人大代表（现象）。当年12月7日，《浙江日报》以"义乌外来务工人员首次当选人大代表"为题在头版报道此事，刊出后反响强烈。并吸引了《人民日报》、中央电视台以及境外多家媒体到义乌采访。如果仅着眼于一市一镇，这很容易被简单解读成为农民工办实事的一项举措，但正是记者胸有大局，将它放在中国民主制度建设的进程中考量，根据《选举法》有关法规，才发现其在全国的独创意义（本质）。

另一个例子是对"孙志刚案"的报道。2003年4月25日，《南方都市报》对"孙志刚案"以"被收容者孙志刚之死"为题，发表了有关孙志刚案的报道，引发了全社会对孙志刚之死的广泛关注。但该报道的成功之处是不止于对现象的描述，没有停留在"一个青年被毒打"的普通个案层面，不止于一般意义上对公平和正义的呼吁呐喊，而是上升到对公民权利的探讨，发出对当时《城市流浪乞讨人员收容遣送办法》违宪的质疑。在层层"深度发问"中，反思收容遣送制度，最终促使一部国务院行政法规从"收容"到"救助"的变革。

这两个例子都体现了透过现象深度挖掘、触摸本质的特点，也说明透过现象认识本质的重要性。

在投资、股票、证券市场、市场竞争中，要想成功更要善于透过纷乱的现象抓住事物、事情的本质，成功的企业家一般都有这个能力或本领。股票奇人彼得·林奇的名言是"你买一种股票时,不应因为便宜而购买,而应该看是否了解它",这就是说必须对欲买的股票有充分的了解,弄清楚它的本质。

石墨与金刚石
——内容与形式

任何事物都是一个系统,任何系统都有组成它的要素,这些要素构成一定的集合或机构,这些要素就是系统或事物的内容,要素的结合方式是系统或事物的形式。农奴利用落后的生产工具进行劳动和服劳役是封建农奴制度的内容,农奴主残酷剥削、压迫农奴是农奴制的形式。

同样的内容(本质)可能构成不同的形式,例如矿物上有所谓同质异构物,同是碳原子(本质)却可以构成三种形式完全不同的物质,即石墨、金刚石和C_{60}(1985年,化学家用激光轰击石墨时得到的一种化学式为C_{60}的物质)。

石墨是六方晶系、斜平行四边形,层状结构,层间为共价键—金属键,层内为分子键,灰色,半金属光泽,硬度1—2;是自然界最软的矿物之一,用石墨在纸上划过,会留下深灰色的痕迹,有滑感,易污手;由于有熔点高、抗腐蚀性等特点,用于高温增润;由于具有滑感,用于机械工业的润滑剂;因为石墨能导电,所以它可作电极,2003年3月26日晚,美国使用石墨炸弹攻击伊拉克的供电设备。

金刚石的化学成分也是碳,它是共价键结合的立方晶系的正八面体结构,天然金刚石经过琢磨后,具有闪烁的光泽,是硬度最大的矿物,故它能划玻璃、切割大理石、做钻探机的钻头。

有机化学上同分异构体是一种有相同化学式、有同样的化学键而有不同的原子排列的化合物，例如酒精和甲醚的组成都是 $C_2H_6O_7$，但它们的结构不同，由于结构不同，它们的性质就有较大的区别：乙醇俗称酒精，液体，溶于水，挥发性较低；甲醚也是液体，但不溶于水，易挥发。

在艺术上所谓同质异构，是指虽然素材相同但能因人而异地做出不同的构思，如同画蝴蝶，可有多种形式。

写作不应千篇一律，即使是同一个素材，写起来也应该是百花齐放，它突出一个"异"字，要求有个性化的生活、个性化的思考和个性化的表达。

有没有内容不同而形式相同的事物呢？即"异质同构"。在自然界没有异质同构物，仅有的类质同象的矿物，是晶体形成时，其结构中本应全部由某种原子或离子占有的等效位置部分地被他种类似的质点所代替，晶格常数发生不大的变化，而结构形式不变的产物，即仍然保持原有晶形形成的矿物。例如，祖母绿是铍铝硅酸盐（$Be_3AL_2Si_6O_{18}$）中的部分 Be^{3+}、Al^{3+} 被阳离子 Cr^{3+}、V^{3+} 取代而成，黑钨矿（FeMn）WO_4 是锰 Mn^{+3} 取代钨铁矿 Fe（WO_4）中的 Fe^{+3} 构成的类质同象物。

唯物辩证法认为，事物是内容和形式的统一体，世界上的任何事物都有内容和形式两个方面，只有内容而无形式，或只有形式而无内容的事物在世界上是没有的。当构成该事物的诸要素尚不存在，或已经存在而尚未以一定方式结合起来时，它只是可能的而不是现实的事物。只有在构成该事物的诸要素已经具备并且以一定的方式有机联结起来时，这个事物才由可能性的东西变成现实的东西。

一般说来，内容是事物中更为活跃的方面，形式则是比较稳定的因素。事物的发展变化一般是从内容首先开始的。活跃的内容和稳定的形式始终存在着矛盾，它们在任何时候都不是绝对适合的。内容在客观需要的基础上产生，如在艺术作品中用旧的艺术形式表现新的社会内容。

当然，也有形式变化了而内容没有变的（与形式也有不完全一致的情况），例如用新的艺术形式表现低俗的内容。

形式对内容也有着积极的作用，因为形式是内容诸要素的结构方式，要素的结构方式如何，对内容的发展具有反作用。形式对内容的反作用有两种情况：适合内容的形式，对内容的发展起着积极的促进作用；不适合内容的形式，对内容的发展起着消极的阻碍作用。例如我国的经济体制改革（形式）的目的就是要使体制有利于经济的发展；原有的人民公社（形式）不利于调动农民生产的积极性（内容）而改为包产到户（形式）。由于内容在不断变化发展，原来的形式对内容变得不合适，形式落后于内容，虽然这种形式在事物产生的初期阶段可能是适合于内容的。另一种可能是形式超前于内容，例如向共产主义迈进的人民公社（形式），就不适合我国现有的生产力水平（内容），也是不可取的；又如资本主义国家实行的议会制度（形式）在我国的社会主义国家（内容）是根本不适用的，我们当然不能仿效。对于前两种不合适内容的形式，通过改革可以加以调整，使之适合于内容，而对后一种形式，必须坚决抛弃，否则，它会阻碍内容的发展。正因为形式对于内容有巨大的反作用，所以那种不重视形式的做法是错误的。

买彩票中奖
——必然性与偶然性

世界上有的事情是可能发生也可能不发生，可能这样发生也可能那样发生的，而有的事情是一定要发生、不可避免的，前者被认为有偶然性，后者被认为有必然性。例如人会生病、变老甚至会死亡，是必然的，但在什么时间得什么病，病到什么程度，则不一定。

必然或必然性是指客观事物变化发展中不可避免的、一定要发生的、确定不移的趋向。必然性在事物的发展过程中居于支配的地位，规定着事物发展的前途和方向。必然性的特点是确定性。

必然性一定要通过偶然性表现出来，没有纯粹的必然性；偶然性一定是必然性的表现形式，也没有纯粹的偶然性。

对于普遍出现的必然性、重复出现的必然性，人们有时也称之为规律性，例如一个人如果天天六点起床，七点早操，八点上班，我们往往会说他的生活有规律。

偶然或偶然性是指客观事物变化发展中并不是不可避免地必定发生的，而是可能出现也可能不出现，可以这样出现也可以那样出现的不确定的趋向，即事物的发展也有偶然性的一面。

人们在实际生活中常常会碰到一些偶然性的机会，也称会有一些机遇。一些机遇（如一次考试或一次推荐）往往会左右一个人一生的命运，我们应当重视机遇、珍惜机遇并善于利用机遇，而不能守株待兔地等待机遇、等待好运气的到来，偶然或机遇并不是自己送到人们手中的。重要的是，我们在平时要有抓住机遇的思想和实际准备。有人说，机遇只垂青于有准备的头脑，要善于观察、勤于思考，不畏艰难地去捕捉，抓住偶然、抓住机遇、利用机遇。

在科学研究中，抓住偶然的机遇十分重要，"X射线"（或称伦琴射线）就是威尔姆·康拉德·伦琴（Wilhelm Conrad Roentgen, 1845—1923）偶然发现的。1895年11月8日，伦琴正在做阴极射线实验。阴极射线是由一束电子流组成的，它的穿透力很小，连几厘米厚的空气都难以穿过。可是伦琴发现在附近的一块荧光屏〔镀有一种荧光物质——氰亚铂酸钡 $BaPt(CN)_6$〕却开始发光，他断开阴极射线管的电源，荧光屏即停止发光。由于阴极射线管已经完全被覆盖，所以肯定不是阴极射线，一定有某种不可见的辐射线自阴极射线管发出。伦琴立即将自己关在实验室，经过7个星期的紧张研究，1896年1月5日发表了他的论文《一种新射线——初步研究》。由于这种辐射线的神秘性质，他称之为"X射线"，X在数学上通常用来代表一个未知数。而后的研究表明，X射线本身并不是由电子构成而是由电磁波构成的，这种射线与可见辐射线（即光波）基本上相似，不过其波长要短得多。

X射线的发现是19世纪末20世纪初物理学的三大发现（X射线1895年、放射线1896年、电子1897年）之一，这一发现标志着现代物理学的产生。随着研究的深入，X射线被广泛应用于晶体结构的分析以及医学和工业等领域，对于促进20世纪的物理学以至整个科学技术的发展产生了巨大而深远的影响。

1901年伦琴获得诺贝尔物理学奖，是获得该项奖的第一个人。他于1923年在德国慕尼黑与世长辞。他不仅是有杰出成就的德国科学家，而且品德高尚，对荣誉和金钱极为淡漠。1901年12月，去瑞典首都斯德哥尔摩领取首届诺贝尔物理学奖时，他不仅拒绝在授奖典礼上发表演讲，而且谢绝了各种盛情邀请，迅速回到德国，将5万瑞典克朗奖金全部献给沃兹堡大学作为科研费用。许多商人想用高价购买 X 射线的专利权，以牟取暴利，巴伐利亚的王子甚至以贵族爵位来笼络伦琴，然而都被他一概拒绝。他将 X 射线的专利权毫无保留地公之于世，让它为全人类服务。

阿尔弗雷德·贝恩哈德·诺贝尔 (Alfred Bernhard Nobel, 1833—1896) 一生研究炸药，而发明达纳炸药（"达纳"一词源于希腊文"威力"）则有一定的偶然性。那时，由于研制炸药不断地发生事故，他的弟弟牺牲了，父亲受伤，他被迫将实验室搬到船上。有一次工厂把装着硝化甘油的油桶堆在海滩上以备装船，有一个桶出现了漏洞，把硝化甘油漏到了防止油桶振动的硅藻土里，诺贝尔想，硝化甘油是炸药，那么被硝化甘油浸湿的硅藻土会不会也有爆炸性呢？于是他悄悄地把带油的硅藻土带回去做试验。出人意料的是，这些被硝化甘油浸过的硅藻土不怕冲击和敲砸，但是在用火靠近时就发生了爆炸。就这样，在油桶漏油之后，他偶然地发现了既不怕冲击又能够爆炸的物质。在此基础上，又经过多次的试验和研究，终于在 1867 年发明了既有爆炸力又安全可靠的一种新炸药，即达纳炸药。必然性寓于偶然性之中，并通过偶然性表现出来，只要人们善于抓住机遇，在长期的研究磨炼中摆脱以往的思维定式，必然能找到本质的东西，这就是创新性思维的结果。正如法国著名的化学家路易斯·巴斯德（Louis Pasteur，1822—1895，法国微生物学家、化学家，近代微生物学的奠基人。像牛顿开辟出经典力学一样，巴斯德开辟了微生物领域，他也是一位科学巨人）所说，"机遇偏爱那些头脑有准备的人"。

很多例子说明，偶然性在科学研究中起着提供机遇的重要作用。对于否定科学研究中偶然性的观点，恩格斯曾经批判道："必然的东西被说成是唯一在科学上值得注意的东西，而偶然的东西被说成是对科学无足轻重的东西……这样一来，一切科学都完结了，因为科学正是要研究我们所不知道的东西。"在科学史上，由偶然发现导致科学技术重大进步的例子不胜枚举。除了上述的例子，1781年，伽瓦尼（Galvani，1737—1798，意大利解剖学家、电物理学家）在解剖青蛙时，从仪器导线偶然碰到青蛙腿而使之颤动收缩，发现了生物的导电现象，奠定生物电学的基础。

但是任何科学发现的偶然性背后都隐藏着必然性。偶然性是在事物发展过程中可以出现，也可以不出现，可以这样出现，也可以那样出现的趋势，它是由事物外部的或事物内部次要的、非本质的原因即非根本矛盾引起的。但是当条件或研究对象、研究要求发生改变时，原来看上去是次要的、潜在的因素可能变得重要和明显起来。必然性是事物发展过程中一定要发生的不可避免的趋势，它是由事物内在的本质的原因即根本矛盾引起的。

世界上不仅原因与结果是互相依存的，没有无结果的纯原因，也没有无原因的纯结果，而且，必然与偶然也互相依存，没有无偶然的纯必然，也没有无必然的纯粹的偶然。如果认为有纯粹的偶然性，那就是非决定论；如果认为有纯粹的必然性，就会走向宿命论。

必然性要通过大量的偶然性表现出来，而偶然性又以必然性为基础，必然性通过偶然性表现出来，偶然性是必然性的表现形式，而且，偶然性和必然性是可以在一定条件下互相转化的。这样的实例很多，微生物学家亚历山大·弗莱明（Alexander Fleming，1881—1955，苏格兰生物学家）在研究致人体发热的葡萄球菌时发现，意外掉入葡萄球菌培养基试皿中的灰尘引入了霉菌，而使葡萄球菌不见了，他马上意识到霉菌对葡萄球菌有很强的抑制作用。而后澳大利亚医学研究人员霍华德·瓦尔特·弗罗里（Howard Walter Florey）和英国的医学研究人员厄恩斯特·鲍里斯·钱恩（Ernest Boris Chain）偶然读到了弗莱明的文章。他俩重复了他的工作，证实了他的结果。然后他俩提纯青霉素，给实验室动物试用；1941年给病人试用。他俩的试验清楚地表明了这种新药具有惊人的效力。为了表彰这一造福人类的贡献，弗莱明、钱恩、弗罗里于1945年共同获得诺贝尔生理学或医学奖。弗莱明的看似偶然的发现其实也是他长期研究杀灭葡萄球菌办法的必然的结果。

弗莱明在给大学生作讲演时真诚地说："千万，千万不要忽视寻常的现象或事件，它也许只是一桩虚假警报，一无用处，但是，从另一方面说，它又可能是命运向你提供的导致重大进展的线索。""头脑的准备不足，就看不见伸向你的机会之手。"

我国近来发生的一些事件，表面上看来是偶然的，但是实际上大多是必然的。例如前面所说的贵州省瓮安事件，表面上就是一名女中学生的偶然死亡，但却爆发了一场严重的事件，贵州省委书记石宗源说："这起事件看似偶然，实属必然，是迟早都会发生的。"原因是人们和当地政府间长期积累的多种的矛盾未能解决，事件是必然要发生的，一名女中学生的死亡只是必然通过一个偶然表现出来。

对于矿难，常有人以"偶然"两字来分析和解释，2009年2月，山西焦煤集团高瓦斯矿屯兰矿发生特大瓦斯爆炸，表面看来是由于该矿是高瓦斯矿，突然发生瓦斯爆炸似乎是偶然的，然而经过认真调查，发现该矿通风管理不到位，瓦斯治理不彻底，现场管理不严格，安全措施不落实，在这种情况下，发生矿难则是必然的，也符合有人总结的"三违＋隐患＝事故"的结论。即任何一起看似偶然的事故，其背后都可以找到隐藏着的必然规律。

买彩票中奖，在众多人看来绝对是偶然的，但对老彩民来说，由于长期买彩票，长期的摸索和研究，就可能找到一点规律，对他们来说,中奖就存在必然性。

鸡蛋里头有骨头
——可能性与现实性

人们有时用"鸡蛋里挑骨头"的话来形容没事找事或故意找茬,言外之意是鸡蛋里头没有骨头。其实,鸡蛋里虽然不是实实在在地有鸡骨头,在鸡蛋里却有鸡和鸡骨头的萌芽或胚胎,否则,就不能解释鸡蛋(当然是一些鸡蛋)为什么可以孵成有肉有骨头的鸡来。在我国古代的春秋战国时就有学者提出"卵有毛"的命题,理由是鸡、鸭、鹅等有羽毛的动物都是由卵生成的,如果卵里根本没有毛或毛的萌芽,鸡、鸭、鹅等怎么会有毛呢?在春秋战国时我国还根本没有先辈留下的关于遗传的知识,也没有遗传学,可那时的学者就猜到了卵里有遗传物质。显然,在鸡蛋里面是有可以成为骨头的因素(基因)的。一粒植物的种子也包含着后来可以发育生长为一株植物的成分,种子是植物的萌芽、胚胎。在哲学上人们把一件事物的发展趋势、萌芽或胚胎看作该事件具有的可能性,也把有可能称为概率,可能性小的事件是小概率事件,可能性大的是大概率事件。过去,在我国高中毕业考上大学是小概率事件,现在,则是大概率事件。

并不是所有的成对范畴都不反映时间的先后,可能性与现实性,就是先有过程发展中的可能性,然后,才有可能性向现实性的转化。

在自然界,地质演化、生物进化、物种变异等的可能性会自动成为现实,在社会生活中,可能性一般不会自己或自动变为现实,这或者也是社会过程不同于自然过程的地方。在社会生活中,在可能性与现实性的关系上最重要的是事在人为,应该强调"事在人为",这里的"事在人为"需要人们做些什么呢?

首先,是要善于识别可能性。通常,实际存在的不止有一种可能性,而是有多种可能性,我们应当努力找到对人民事业有利的可能性,并努力把它变为现实,也要努力识别出对人民事业有害的可能性,并防止它变为现实,所有这些,都要充分发挥人们的主观能动性,我们对这些可能性都要识别清楚。

其次,我们要采取措施防止有害的可能性成为现实,努力把有利的可能性变为现实。这是事在人为的主要要求,特别是对人民事业很有利的可能性是不会自动实现的,必须人为地采取有力措施,才会变为现实。如果说,可能性的产生多有成事在天的因素,从可能性到现实性就只有靠事在人为。我们要热情支持新生事物的出现,努力使新生事物产生的可能性成为现实。要充分认识到,新生事物是不可战胜的。

讲到现实性,需要解释黑格尔的一句名言:"现实的是合理的,合理的是现实的。"或者像我们有的同志所说:存在的是合理的,合理的是存在的。"现实的是合理的"也可以被解释为:一切现在实际存在的东西都是合理的,是合乎道德之理和法律之理,按这种理解,腐败、造假在今天是实际存在的,因此,腐败、造假在今天是合理的,那我们为什么还要反腐败和反对造假?其实在黑格尔那里,合理的"理"不是别的而是合乎绝对理念之理,即发展的必然性。因此,黑格尔上面那句名言只是"现实的是有必然性的,有必然性的一定要成为现实"。按这种理解,造假、腐败在今天发生是有必然性的,而反腐败和反造假,提倡廉洁和提倡诚信也有其必然性,因此,更加廉洁和更加诚信一定会成为现实,我们不能用曲解的黑格尔的话为邪恶的现象辩护。

唯物辩证法的成对范畴并不限于前面讲的特殊与普遍、相对与绝对，也不限于本章讲的，例如还有结构与功能、系统与要素、抽象与具体、历史与逻辑等，作为通俗哲学，对于后面几对范畴，不在这里叙述了。

在哲学上，有三个辩证法规律：对立统一规律、量变质变规律、否定之否定规律。其中对立统一规律揭示了客观存在具有的特点，任何事物内部都是矛盾的统一体，矛盾是事物发展变化的源泉、动力。量变质变规律揭示了事物发展变化形式上具有的特点，从量变开始，质变是量变的终结。否定之否定规律揭示了矛盾运动过程具有的特点，它告诉人们，矛盾运动是生命力的表现，其特点是自我否定、向对立面转化。因此，否定之否定规律构成了辩证运动的实质。

为什么一定要那么绝对
——是非的相对性

辩证法包含一定程度的相对性，但不是随意的相对性，从根本上说，"是"就是"是"，"非"就是"非"，不能混淆是非。所谓"是非的相对性"是指人们认为"是的东西"（肯定的东西）会有"非的"（否定的）因素，反之，人们认为"非的"东西（否定的东西）很可能有"是的"（肯定的）因素。

（1）是药三分毒——肯定的东西有否定的因素

为了便于说明是非的相对性，先谈肯定会有否定的因素。药物可以治病，是它的积极作用，同时，任何药物都有它的对人体有害的毒副作用，如人们常说的"是药三分毒"。在社会领域，同样有积极作用和副作用皆有的东西，一些事物对社会主义来说是必须肯定的东西，但是对这些事物，我们也不要把它绝对化。例如，实行高额累进税对于保持社会公平、减少贫富差距无疑是有益的。所谓高额累进税，是说随着个人收入的增加，他纳税的水平也随之提高。如果收入为 800 元，就按收入的 10% 纳税；如果收入 1000 元，就按 20% 纳税。这样，高收入人群与低收入人群的实际收入就不会差距太大，社会就会比较平等，何况，实行高额累进税是经典经济学家提倡的。但是，高额累进税这种似乎完全可以肯定的制度也有它的问题，如果高工资的人与低工资的人由于高额累进税在实际收入上差不多，人们就可能不向多劳多得的方向努力，就可能助长平均主义。而有的企业家认为，对企业家的高额累进税不利于国外投资，这也是立场、地位不同的人的见解吧。再例如，向经济困难的学生发放助学金本是好事，发助学金时是可以不问学生学习的努力程度和学习成绩的，但如果不问这些就发助学金又可能会挫伤学习很努力、学习成绩很好的学生的积极性。如果不需要考试经过推荐就可以上大学显然有弊端，而必须经过考试才可以上大学又会影响素质教育的开展。中国传统文化当然可以有许多肯定的内容，如中国传统文化强调"和为贵"和"家和万事兴"，但中国传统文化并非都是精华，例如，从孝悌出发，愿意多子多孙，重男轻女，产生家长制倾向；在日常生活中主张使用的物品和用具要"新三年，旧三年，缝缝补补又三年"和"小车不倒只管推"，不重视设备维护、维修的观念；再如，对要出售的商品，以为"酒香不怕巷子深"等，而西方传统文化或许对现代科学的发展更有许多可取之处，例如，我们应该探讨为什么近代以来许多重大科学发现、发明都出现在西方，他们的文化基础有什么特点，等等。

（2）牢骚也有理——否定的东西有肯定的因素

并非所有被否定的东西都有可以肯定的因素，有些官员的贪污腐败就不能说还有可以肯定的方面，但是，否定的东西并不都是绝对否定和完全要不得的。

被否定的东西里，却有着或事实上有可以肯定的因素，在一些人（包括我自己）看来，由于公有制与私有制在性质上根本对立，公有制不可能在私有经济的母腹中孕育成长，也不能由私有经济来催生、接产，而只有在实行了社会主义革命，消灭了私有经济之后，靠无产阶级专政的力量，社会主义公有制和以它为基础的国有经济才可能建立和发展起来。然而，私有制和私有制经济虽然应该被否定，它却并非一无是处，否则，我们就不能理解我国在20世纪50年代为什么支持私有经济和个体经济的发展，也不能理解为什么我们现在也允许多种所有制经济并存。从大的方面看，我们必须认识我国现在还是社会主义初级阶段，我们必须要大力发展经济，要看到，解决十几亿人的吃饭问题、就业问题以及增加收入、改善生活问题，光靠公有制经济特别是国有企业是难以做到的。发展非公有制经济，有利于调整和优化所有制结构，促进经济发展更加具有活力，同时也可以为公有制发展提供多种有效的实现形式；有利于促进市场竞争，推动产业结构的优化和升级，促进国民经济快速发展；有利于引进吸收先进技术与管理经验，促进国际经济合作；有利于调动人民群众和社会各方面的积极性，方便人民生活，扩大就业，维护社会稳定，等等。从小的方面看，私有经济一般规模较小，可以灵活为居民服务，如果人们为缝制一件衣服、修理钟表、买几根冰棒都必须到国营工厂、国营公司或国营商店去完成，岂不是太不方便了吗？与上述问题有关，还有所谓"私人医生"问题，"私人医生"服务完全可以说是基础医疗的一种形式，是全科医生、家庭医生的俗称，在英、美等国家，绝大多数公民都有私人医生。所谓私人医生，是指在一些资本主义国家，有的居民聘请个体医生或医院的医生作为自己的私人医生，如果生病就找自己的私人医生看。这里当然也有经济问题，在我国社会主义条件下，私人医生制是被否定的，我们实行的是各级医院的医生为所有的病人治疗，即一位医生要为多位病人服务，但是，这并不是说私人医生制没有任何意义。事实上，人体状况是有很大个体差异的，几乎没有两个患感冒的病人的病情是绝对一样的，也不可能设想用完全一样的药品和药量就能把他们全部治愈，如果是私人医生，他就能比较具体了解他的患者的体质特异性，从而用适合于他的特定药品、药量治疗患者，并取得较快较好效果。"一对一"的私人医生制比一对几，甚至一对十几、几十的治疗，显然更有针对性，只是要多花些钱。也许，如何既保留目前我们的医院体制又吸取一对一的医疗方式的优点，是一个可以研究的问题，近几年来，多种形式的私人医生实际上也开始在我国悄然兴起。

牢骚通常被认为是消极的东西，但是，从消极的东西中也可以找到有积极意义的因素，这典型地表现在对牢骚的态度上，通常，它是一种对现实不满意的表现，反映着消极的东西，它的作用也常常是消极的，但是，我们却可以从牢骚的背后找到或发现有积极意义的因素，或者说牢骚可以变成积极的东西。从对牢骚的分析中，我们或可以找到工作中的不足，或可以看到实际生活中可取的东西。例如，当有牢骚说某城市出行困难，太堵车时，一方面，是这个城市交通管理不够完善，另一方面，可能是该城市的出租车和私家车很多，而私家车多和乘出租车的人多以及由此表现出的堵车，也是人们生活水平提高的反映。再如，对认为现在两极分化严重的埋怨（也是一种牢骚），我们既要考虑目前有哪些分配不公，也要看到这是允许少数人先富起来必然出现的现象，也许比绝对平均主义好点。再例如，我们常常可以听到有人问：歌唱家、演员、运动员对社会究竟有多大贡献？为什么他们要挣那么多钱？这个问题也是一种牢骚，思考这个牢骚，一则可能让我们研究究竟应该怎样处理这些人的报酬问题，例如什么情况可算他们的"多劳"，什么情况下他们可以"多得"；二则还可以研究稀缺性对经济的影响。或许，在商品世界，物品的价格和人员的收入并不都决定于物品的成本和人员的劳动付出，而是稀缺性在起决定作用。如几十张同样图案、同样大小、同样面值的邮票的成本每张是差不多的，然而，如果其中有一张特别稀缺，它的价格就会特别贵；一个在大中城市工作的小学老师与一个在边远山区工作的小学老师的责任心、为教育的付出可能一样，但由于乐于去山区的人很少，愿意去城市工作的人数较多，因此，社会要给在边远山区工作的教师更多的报酬；也许，出色的歌唱家、演员、运动员的收入多可能与他们人数偏少有点关系吧？

关于是非对立的相对性和它们在一定条件下互相转化，也可以说是矛盾的同一性，总之，同一性问题是普遍的、很值得研究的，关于是非对立的相对性和它们在一定条件下互相转化，特别是否定包含着肯定的因素，还可以理解为克服与保留的辩证法，而肯定包含否定因素则可以理解为保留与克服的对立统一。一般说，只有保留没有克服，或只有克服没有保留，都是不可能的，在实际工作中，我们既不要承认一切，也不要打倒一切。

再重复说，并不是所有的成对范畴都不反映时间的先后，关于可能性与现实性，就是先有过程发展中的可能性，然后，才有可能性向现实性的转化。谈到可能性与现实性，应该强调"事在人为"，通常，实际存在的不只有一种可能性，而是有多种可能性，我们应当努力找到对人民事业有利的可能性，并努力把它变为现实；也要努力识别出对人民事业有害的可能性，并防止它变为现实。所有这些，都要充分发挥人们的主观能动性，社会领域的、对人民事业有利的可能性一般不会自己或自动变为现实，这或许也是社会过程不同于自然过程的地方。

第十章
人能不能学点聪明
——作为方法论的辩证法

有一种观点认为，人的一些体质特征是天生的、先天的，如记忆力、聪明、节奏感等就是与生俱来的，是出生后学习不到、锻炼不成的。这种观点并不全面，实际上年少时学习如几何学，可以提高逻辑思维能力，成人学习辩证法可以变得更聪明。有人曾说过唯物辩证法是"聪明学"，人们在后天也可以学习点聪明，学习辩证法是要使人们更聪明。学习辩证法，我们不仅要承认辩证法（例如对立统一规律）是正确的，而且还要学会把辩证法作为观察和认识问题的方法论，至少要知道辩证法可以作为方法论。例如下面提到的比较法可以说是在应用对立统一规律，极端化方法可以说是量变到质变规律的应用，而是与否的相对性可以说是肯定否定规律的应用。而学习辩证法则必须学习逻辑学，学习辩证逻辑。

分辨双胞胎
——比较法

最普通、最容易理解的思维方法是比较的方法。普通逻辑就讲到比较与分类，比较，也是最普通的思维方法，俗话就有"不怕不识货，就怕货比货"，已包含着比较法的运用和意义。

人们经常运用比较来认识事物的性质，但是我们首先要注意到事物的性质并不是比较出来的，而是事物本身具有的，比较只是能够发现事物的性质，一个物体的质量是利用天平等衡器在比较中得到的。

我以为，在运用比较的时候，重要的是以下两点：

第一，对于明显相似或相同的对象，要特别关心它们的差异，或者说，要在比较中注意"同中求异"。例如一个人如果看到一对双胞胎时只说"他们长得好像啊"，我们不会说这位观察者有多高的认识水平；而假定有另外一个人能较快地说出这对双胞胎中谁是老大、谁是他的弟弟（或妹妹），人们一定会说后一位观察者有较高的认识水平。比较法在科学研究中很有用，门捷列夫就在比较相似化学元素间发现有原子量的相似，进而发现了化学元素周期律。我们在工作中也要注意发现和坚持"同中有异"，找到具备一定特点或特色的问题。例如，在学术上，大家都研究与自然科学有关的哲学，这是一样或相同的，但人们又需要找到一个有自己特色的研究方向，如专门研究技术哲学。可以说，没有一定的特色，就没有地位（没有创新）。对于物理学家，我们也关心他们的研究方向有什么特色，是特别重视大气物理，还是重点研究高能物理，如果只是一般地探讨普通物理，就难成为成就突出的物理学专家。

在中学的语文教学中，让学生运用"同中求异"的比较法分析典型范文达到对范文的深刻理解，可提高学生的写作能力。

在写新闻报道中，能从同样的事件发现、发掘更深层次的问题，则能写出与众不同的内容。

第二，对于明显不同的对象，要特别关心它们之间的相似，或者说要在比较中关注"异中求同"。门捷列夫在确立化学元素周期律时，曾经比较了不同元素因为有原子量的相似，从而有性质的相似。18世纪以前，人们对天空的雷电很不理解，认为是上帝的安排，而本杰明·富兰克林（Benjamin Franklin，1706—1790）则大胆猜测天空的雷电很可能和莱顿瓶子中的电有相同的性质（他已经对莱顿瓶有丰富的研究）。为了捕捉天空的雷电，1752年6月的一天，在一场暴风雨就要来临之际，富兰克林带着他的儿子威廉和装有一个金属杆的风筝来到一个空旷地带。风筝末端系着一条丝带，丝带和风筝线间拴了一个铜钥匙，钥匙插在一个莱顿瓶中。富兰克林高举起风筝，他的儿子则拉着风筝线飞跑，风筝很快就被放上高空。刹那间，雷电交加，大雨倾盆，此时，刚好一道闪电从风筝上掠过，富兰克林用手靠近风筝上的铜钥匙，立即掠过一种恐怖的麻木感。他抑制不住内心的激动，大声呼喊："威廉，我被电击了！"回到家里以后，富兰克林用引入莱顿瓶中的雷电进行了各种电学实验，证明了天上的雷电与人工摩擦产生的电具有完全相同的性质。富兰克林关于天上和人工摩擦的电是同一种东西的假说，在他自己的这次实验中得到了光辉的证实，这就是有名的富兰克林风筝实验，是典型的"异中求同"。1753年，俄国著名电学家利赫曼为了验证富兰克林的实验，不幸被雷电击死（实际上，富兰克林的风筝实验是很危险的），这是做电实验的第一个牺牲者。血的代价，使许多人对雷电试验产生了戒心和恐惧。但富兰克林在死亡的威胁面前没有退缩，又经过多次试验，成功地研制出避雷针。

处理社会问题也可采用"异中求同"的方式，万隆会议精神就是不同社会制度、不同文明的国家求同存异、和平共处的精神，是求同存异的典型。

我们在日常生活中，也需要注意"异中求同"。例如，对于一个班级中物理学得好的同学进行对比就可以发现，他们虽然性别、性格、年龄、人品各有不同，但共同的一点却是数学学得较好，由这个对比可以得到一点认识：要学好物理，需要喜欢和学好数学。扩展来说，学好数学，还有助于将来学好土力学、岩石力学、流体力学、空气动力学等。

比较，求同存异，求异存同，也可以理解为要见同找异，见异找同。同中求异就是在貌似相同的事物中找出它们的不同之处，发现新事物；异中求同，就是在不同的事物中找出它们的共同点，寻找规律性。例如，在我们认为我国的人民代表与资本主义国家的议员都属于民意代表时，又要充分注意到我国的人民代表同资本主义国家议员的本质区别。

比较同中之异和异中之同，对于判明事物的因果关系有一定意义，前者可以称为判明因果关系的求同法，后者可以称为判明因果关系的求异法。

万隆会议

又称"亚非会议"，1955年4月在印度尼西亚万隆召开。中国、柬埔寨、埃及、印度尼西亚、伊朗、埃塞俄比亚、越南民主共和国等29个亚非国家代表团出席了会议。周恩来总理率中国代表团出席了会议。这是首次在没有西方殖民国家参加的亚非国际会议，会议广泛讨论了反对殖民主义、促进世界和平、发展亚非国家经济文化等重大问题，一致通过了《亚非会议最后公报》，其主旨被称为"万隆精神"。

对于用求同法（有人亦称它为契合法）判断因果关系，其格式如下：

观察到，场合1：因素A、B、C、D伴随因素a、b、c、d；

场合2：因素B、C、D伴随因素e、f、g；

场合3：因素C、D伴随因素h、i、j、k；

推论：在不同场合，只有A和a同时发生，就可以断定A是a的原因。

例如，在若干场合，有两个因素是经常互相伴随的，就认为其中一个因素是另一因素的原因，如看到不同籍贯、不同性别、不同文化程度的人在摔倒时易于伴随脑出血病的发生，就认为摔跌是患脑出血病的原因，因而要防止脑出血，就要认真避免摔跌，对老年人尤其重要。

对于求异法（有人亦称它为差异法），只要两个场合就可以了：

场合1：因素A、B、C、D伴随因素a、b、c、d；

场合2：因素B、C、D伴随因素b、c、d；

推论：在这些场合，如因素A不发生，则因素a也不发生，由此就可以判定因素A是因素a的原因。这就是说，对于求异法，如果在若干场合只有两个因素同时互相缺失，就认为其中的一个因素是另一个因素的原因，如调查证明保持血压不高就会少得脑出血病，就认为血压过高是脑出血病的原因。这种用求同或求异的方法判明因果关系的方法有相当的创造性，因为，它们可以得到前所未有的新认识。

求同思维是人们长时间从事某一类工作、解决某一类问题时形成的习惯性思维。习惯于从过去传统的经验中去寻找解决问题的办法，习惯于同一方向的知识积累和记忆，习惯于按一种固定的程序去开展工作，从而缺乏创造性。但是，只要我们善于思考，在求同中仍能有所发现。例如，1882年，科学家瑞利（John William Rayleigh，英国物理学家，原名 J.W. 斯特拉特，1842—1919）在制取氧和氮的过程中发现用三种不同的方法制取的氧，密度完全相等，而用不同的方法制取的氮，密度则有微小的差异。如由氨制得的氮，比由空气制得的氮的密度小 5/1000 左右，对此，他自己反复验证了多次。尽管从实验的角度来看，这个微小的差别是在允许范围内，但瑞利发现，这个"误差"总是表现为由空气除去氧、二氧化碳、水以后获得的氮，比由氮的化合物获得的氮重，误差虽小，但总是存在，用传统的说法无法解释。因而，他将这一实验结果刊登在英国的《自然界》周刊，寻求读者的解答，但他一直没有收到答复。瑞利认为，之所以由空气制得的氮比重大一些，可能有四种解释，他又对他自己的设想进行了研究，都不能成立。正当瑞利困惑不解时，威廉·拉姆塞（William Ramsay，1852—1916，英国化学家，发现氦、氖、氩、氪、氙等气态惰性元素，并确定了它们在元素周期表中的位置）向瑞利提出，他要用新方法研究大气中的氮，瑞利很高兴，并与拉姆塞精诚合作。1894年，他们终于发现大气中存在一种分子量为39.95的另一种极不活泼的气体，在空气中的含量为0.93%，他们将它取名为氩，意为惰性，这就是瑞利在求同中由于不放过任何微小的差异或例外而深入研究所获得的创新成果。后来拉姆塞又发现了氦、氖、氪、氙等一大族的惰性气体元素。1904年，瑞利和拉姆塞双双获得诺贝尔奖。瑞利一生发表了许多学术论文，所写文章大多有严格的数学证明，定量十分准确。

化学是伟大的科学家拉姆塞的终身伴侣。他曾讲过："多看、多学、多试。如果有成果绝不炫耀。一个人如果怕费时、费事，则将一事无成。"这就是他从事研究的真知灼见。

求异也可以说就是对现有事物持怀疑态度，著名地质学家李四光十分反对把现成的学说视为终极真理。他说，不怀疑不能见真理，希望大家都采取一种怀疑态度，不要被已有的学说压倒。求异就其本质而言，是一种创造性思维。往往在一般人觉得不是问题的事物上看出主要问题，在没有现成答案的问题上找出新的答案。当然它们也不是非常可靠而无风险的，在认识上，创造性越强的方法，可靠性越小，演绎法的可靠性大，但创造性就较小。在这里有点像商业活动中的"获利越大的事风险也越大"，完全没有风险，就可能完全没有利益可图。

求异思维也是一种逆向思维，即从事物相反的方向考虑问题，求异思维符合事物间的多样性、差异性，符合事物矛盾对立统一和矛盾双方可以相互转化的认识规律。典型的是英国的迈克尔·法拉第发现的电磁感应定律和由此发明的发电机。1820年，英国皇家学院的戴维（Humphry Davy，1778—1829，英国化学家、发现化学元素最多的化学家）教授发现当电流

李四光

李四光（1889—1971），中国地质学家，地质力学的创立者。他用力学观点研究地壳运动，提出了"构造体系"这一地质力学的基本概念。他深入探索地壳运动与矿物分布的联系，其理论对中国大庆、胜利等油田的发现有重要指导作用。曾担任国家地质部部长、中国科学院副院长、学部委员，全国政协副主席。当选为中共第九届中央委员。主要著作有《地球表面形象变迁之主因》《中国地质学》《地质力学概论》等。

通过绕在铁块外面的导线时，铁块就变成磁铁，作为戴维教授的助手的法拉第（学徒出身，几乎没有正规上过学，自学成才）就设想，既然电可以产生磁，磁是不是也可以或应该产生电呢？自1822年开始，法拉第就将"转磁为电"作为自己的奋斗目标。经过10年的不屈不挠的实验研究，终于在1831年获得成功。他将磁棒插入绕有铜线线圈的空筒，发现只有当磁棒通过空筒两端时，连接在铜线两端的电流计才会偏转，由此他大胆设想磁棒两端间有磁力线，只有当铜线线圈切割磁力线时才会产生电。这就是磁力线、电磁感应定律和发电机、电动机的巨大创新发明，它改变了我们整个世界。有人说，戴维最大的发明是发现了法拉第。求异思维似乎是有些异想天开，但实际上求异思维的前提也必须是科学的、有道理的，不能像前些年有的人搞的"水变油"的"发明"，油是碳氢化合物，而水是氢氧的结合，根本没有碳元素。人们的求异思维不能离开最基本的科学道理。

在教学上，利用求同或求异的方法实行启发式教育，有利于提高和开发学生的创造性思维，从而提高教学质量。

有人戏说《三国演义》中的"空城计"，司马懿为什么会上当？就是由于他按照固有的经验，用求同思维的方式判断：诸葛亮一生谨慎，从不冒险，这次兵临城下，形势险恶，他却在城楼端坐抚琴，而城门大开，必有伏兵。而诸葛亮为什么敢走这一着险棋？他用的就是求异思维。既然世人认为他从不冒险，这一次偏偏打破常规，设一个空城。疑心极重的司马懿不攻自退，诸葛亮靠他的创造性思维，出奇制胜。

不能因为所以
——逻辑方法

我们前面特别强调事实的重要,讲到"铁的事实",实际上也谈了事实胜于雄辩,这里又说要事实也要雄辩,意在说明逻辑方法的重要。要学点聪明,就要重视理性思维,重视逻辑。逻辑学者指出,理性思维的实质就在于"合乎逻辑地推理"。感官不能发现真理,只有思维才能发现真理。感官知觉是非实在的,是非存在;只有思维才是实在的,是真存在。理性思维所必须遵循的规则是形式逻辑,在他看来,作为理性思维规则的形式逻辑是人类获得对客观世界的真知,即知事物之所以然的一个必不可少的"工具"。

我们要学得聪明一些,就要认真学习逻辑,逻辑是研究"有效推论和证明的原则与标准"的一门学科。使用逻辑,包括慎用"由此可见",慎用"因为所以",要注意到由此往往不可见,一定要可见,见出的常常是错误的结论。我们要学得聪明一些,就要学习逻辑学,而逻辑学是可以学到和学会的。在古希腊文化得到空前发展时,抽象思维随着各种学科的相继发展而发展。在动物学、植物学、物理学、医学、语法、修辞学等学科,尤其在以几何学为代表的数学的研究中,要使用大量的概念、判断、推理等思维方法。作为推理一种方式的直言三段论,就是在这样发达的

> **形式逻辑**
>
> 形式逻辑,是关于思维的形式结构及规律的科学,通过研究概念、判断和推理,揭示思维的形式结构规律。基本规律包括同一律、矛盾律和排中律。一般认为古希腊哲学家亚里士多德创立了传统形式逻辑,到19世纪中叶出现了数理逻辑,是形式逻辑的现代阶段。

推理思维应用的背景下形成的。当然，我们也需要做一些逻辑练习。西方在科学技术上有较快发展，与西方科学家十分重视运用逻辑和实验的方法对知识进行检验和论证有关，西方科学的所有理论几乎都是理性思维的产物，都是对自然现象的合逻辑的解释。因为他们相信世界是有序的、统一的，因而可以凭理性思维找到其中的规律，他们追求思维的严谨性、明晰性和精确性，注重对概念的严格定义。我们应该学习他们十分重视运用逻辑和实验的方法对知识进行检验和分析论证，也要学习西方科学家具有的强烈的怀疑和批判精神，喜欢标新立异和自创理论的精神，强烈地探索自然界的奥秘的精神。中国科学家重经验积累、综合和描述，而西方科学家则重理论构建，纵观西方科学发展史，就是一部理论（假说）不断被证实或证伪的历史，是一部不断建构理论（假说）的历史。

逻辑规则是不可以违反的，人们在说话或文章中常会提到"所以"或者"由此可见"，但如果不是严格地符合逻辑规则，从"由此"出发往往是得不到"可见"的。例如，我们从"一些战士见义勇为"的前提，能不能得出"一些见义勇为者不是战士"的结论呢？按一些实际情况，应该可以，但是，对于只管形式上是否符合推理规则的形式逻辑，却是不可以的，如果这种"由此可见"成立，我们就可以得出荒诞的、反理性的结论。要承认和学习"三段论"，形式逻辑的推理规则也是绝对不能违反的。人们在生活中、在思维中、在讲话时和写文章时，经常会用到"由此可见"和因为什么什么所以如何如何，然而，不合逻辑地讲"由此可见"和"因为所以"，常常会得出错误结论。下面举几个例子：

推理例子1：人都要死，张三是人，所以，张三会死。

推理例子2：人都要死，章老三不是人，所以，章老三不会死。

推理例子 3：如果溶液是酸性的，它就能使石蕊试纸变红，某种溶液能使石蕊试纸变红，所以该溶液是酸性的。

在第二和第三个例子中的推理和"所以"都是违反逻辑规则的，结论也都是错误的。例子 2 前提是人都要死，而章老三不是人，也可能是别的动物，也是会死的；例子 3 的前提是如果溶液是酸性的，它就能使石蕊试纸变红，而我们并不清楚某种溶液是什么性质，因此它使石蕊试纸变红的原因也是不清楚的。

逻辑上的判断相当于语言中的陈述句，它肯定或否定某物具有或没有某种性质或特点，如 s 是 p 或 s 不是 p，逻辑上的推理，是从若干判断再导出新的判断。逻辑就是关于概念、判断、推理规则的学科。例如按推理规则，我们可以从有的 s 是 p 推出有的 p 是 s，但是，不允许从肯定句的有的 s 是 p 推出否定句有的 p 不是 s。逻辑的基本规律有同一律、排中律和充足理由律，就不在这里介绍了。逻辑不仅探讨"因为如何如何到所以如何如何"的规则，还探讨"只有如何，才能如何"和"如果如何，就能如何"的推理规则，以及用数学方法探讨这些规则。

三段论是最早成为逻辑研究对象的一类推理，三段论在传统逻辑中叫直言三段论，它是根据一个共同的词项把两个直言命题连接起来得出另一个直言命题的推理，或者说是由两个包含着一个共同词项的性质判断推出另一个新的性质判断的演绎推理。三段论或叫三段式，通常是由两个前提推出一个结论，例如：

大前提：任何真理都是驳不倒的。

小前提：任何经过实践检验的科学理论都是真理。

结论：任何经过实践检验的科学理论都是驳不倒的。

三段论有严格的论证推理，强有力的说服力，使得其在科学领域得到广泛的应用。

附带说一句，逻辑（特别是形式逻辑）主要和更加关心的不是每个概念、判断是否符合事实，它可以假定这些概念、判断正确，更加关心的是概念和判断的运用是否符合规则，逻辑提供的仅仅是规则，仅仅要求规则合理（例如不偷换概念，不违规推理）。

任何一个三段论都包含三个不同的词项：在前提中出现两次的词项称为中项，如上例中的"真理"；在前提中出现一次，而在结论中作为主词的称为小项，如上例中的"经过实践检验的科学理论"；在前提中出现一次，而在结论中作为谓词的称为大项，如上例中的"驳不倒的"。

三段论的词项有两个主要特点：

第一，任何一个三段论，必须有也只能有三个不同的词项。

第二，任何一个三段论，其中的每一个词项必须也只能在两个性质判断中各出现一次。

在三段论中，除大、中、小项外，其余各词均称为各自的外延或周延，从小项与大项的外延关系得到结论。如上例：大项的外延是"经过实践检验的科学理论"，小项的外延是"驳不倒的"，由此得出结论：任何经过实践检验的科学理论都是驳不倒的。

一位法律教授举例："凡能被 2 整除的正整数是偶数，7 不是能被 2 整除的正整数，所以，7 不是偶数。这个推理对吗？"他就提醒大家要学会用逻辑来纠正思维错误，他说："这个推理虽然前提和结论都是真的，但是，结论中却犯了'大项扩大外延'的逻辑错误，不是一个有效的推理。"

三段论推理要求推理的前提必须在实质内容上正确，而且推理必须符合逻辑规则，缺一，推理就失败。为了说明这些，下面举两个例子,当然这两个例子只是为了说明三段论规则而进行的虚构,不是现实生活中有谁这样推理。

例子一:因为1.大前提,疾病都是由病菌和病毒引起的;2.小前提,脑血栓是病,所以3.结论,脑血栓是由病菌和病毒引起的。

例子二:因为1.大前提,疾病是由病菌和病毒引起的;2.小前提,脑血栓不是由病菌和病毒引起的,所以3.结论,脑血栓不是病。

在这两个例子中,推理都是有错误的,例子一的大前提在实质内容上不正确,因为并非疾病都由病菌和病毒引起,有些疾病(如有些脚气病、近视、癫痫和一些遗传性病以及脑血栓等)就不是由病菌或病毒引起的;例子二中的小前提是否定性判断,而根据推理规则,由否定判断是不能得出肯定性结论的,脑血栓肯定是病,而且许多地方就有专门治疗血栓病的医院。这两个例子也说明,人们是不能随便使用"因为……所以……"的逻辑的。

概念如"水果""国家"相当于语言中的名词,概念有内涵和外延,概念的内涵指它所反映的对象的性质或规定性,相当于概念的定义,概念的外延是它能包括或包含对象的名称或指称,如国家概念的外延包括中国、美国、日本等,水果的外延包含苹果、香蕉、梨等,一个概念的规定越多即内涵越丰富,符合规定的事物就越少,概念的外延就越小;你对一个事物的规定越少,符合规定的事物就越多。内涵越大,外延就越小;内涵越小,外延就越大,这也说明概念的外延与内涵成反比。

法律离不开逻辑,从事与法律工作有关的人(包括检察人员、律师等)更要非常重视逻辑,而且不仅要有普通逻辑的知识,如同一律、矛盾律、排中律、充足理由律等,还要有一些辩证逻辑的知识。鲁格罗·亚狄瑟(Ruggero J. Aldisert,美国资深法官)法官的格言是

"受人尊重的法律必须有其理由，而且只有符合逻辑思考规律的法律推理才能被接受"。法律工作者的能力虽然表现在许多方面，但逻辑论证与表达能力、案情归纳与分析能力，以及识别与驳斥逻辑谬误的论辩能力，都是不可缺少的。只有符合逻辑推理的判决结果才能令人信服。许多人不重视推理的逻辑，认为逻辑处理的是形式而不是发现真相，却不知道形式逻辑的训练是从事实得到判断的过程中非常重要的环节。

重视摆事实，讲道理，在日常的人际关系（如朋友关系、同事关系、夫妻关系和家庭关系）中是非常重要的。我们需要得理又让人，在涉及人民根本利益和法律规定时，我们是必须得理不让人的，当然这里的"得理"是既得有事实依据之理，又得逻辑推理之理，我们不能无条件地得理让人，也不能无条件地得理不让人。聪明人需要善于摆事实，讲道理，理直（包括逻辑合理）才能气壮，如果理不直而气很壮，则只能吓唬人，不能说服人。法律工作者曾举例：一位农民因建房借了邻居几棵杉树，但后来他却还给邻居几棵杂树，邻居不同意，两人争执起来。借树的农民说："杉树也是树，杂树也是树，我还给你杂树有什么不可以？"法律工作者就对这位农民说："你还给他杂树也有道理，因为你是还给他树了，但牛是动物，狗也是动物，如果他借了你的牛，但还给你狗，你能同意吗？"

标新立异
——克服从众心理与勇敢创新

求异常常被说成是"标新立异""独辟蹊径"，可以说是视觉艺术和音乐思维的基本特点，让自己的思绪向外拓展，让思维超越常规，找出与众不同的看法和思路，使作品从外在形式到内在意境都表现出作者独特的艺术见地。

长期的中庸之道的思维定式，在我国常常会把"标新立异"看成是不好的事情，至少，人们通常不会提倡"标新立异"，而这正是我国缺乏创新成果的认识根源。其实能够标新立异并不容易，第一，要解放思想，要有正确的思想方法，包括有正确的逻辑思维；第二，要有勇气，不仅在科学技术上常常需要标新立异，而且在各种工作中也需要标新立异，如果一切都唯上、唯书甚至唯孔孟之道，思想僵化，就不可能有标新立异。"勇于创新、永不僵化"八个字就包含了既要能够标新立异，又要有勇气，不能思想僵化。现在我国虽然在经济上取得了长足进步，但我们也应该看到我国缺乏的就是自主创新的产品和能力。

标新立异是和从众对立的，据心理学家调查，人群中只有 1/4—1/3 的被调查者表示没有从众的经历，说明我们大多数人是习惯于从众的。因为大多数常常是正确的，因此"随大流"就没错，这是从众的心理依据，从众心理表现在工作上就是"因循守旧"，甚至是"故步自封""不思进取""不求有功，但求无过"，因为从众心理限制、抑制了标新立异，也就难以创新。

生活中，要使一个人相信并坚持自己的判断并不容易，因为每个人（至少是大多数人）内心深处都没有足够的安全感，从众心理是人类的一个普遍的心理状态。从众会使得我们有一种归属感和安全感，能够消除孤单和恐惧等心理，所以我们要寻求认同，可是，如果过分求同，就使我们很难有创造力了。

在"从众心理"的作用下，要标新立异也是不容易的，不仅要担风险，而且还可能受到众人的反对。例如我国的教育提出要给学生减负，引起全国的议论，云南省教育厅厅长在一次会上发言的第一句话就是"减负并非云南标新立异，这是党和国家的要求，省委、省政府的要求。省教育厅提出减负，是全面履职，不是标新立异"。可见标新立异多么难，对这位厅长来说，甚至有点"可怕"，更何况他还没有标新立异，而恰恰是从众——减负。

在一个时期伪科学在我国"盛行"，这也与我们的从众心理有关。我亲自参加过一个所谓气功师发功治病的大型场面，气功师首先说他发香功，会使整个会场有香味，闻到的请举手，开始时寥寥无几，而后逐渐增多，几乎半个会场都闻到香味了，其实，恰恰是会场的污浊的空气味；然后气功师又发功治病了，会使瘫痪的病人站起来，也居然逐渐增多（这明显是一个骗局，但在从众心理引导下，也有相当多的人受骗）。可见气功师正是利用了人们的从众心理，使人们上当受骗。

从众心理在现实中主要表现为服从和顺应，"文化大革命"中我们必须遵守的原则是，不要独立思考，不要有任何怀疑，当然更不能标新立异。

许多的创造发明都是对从众心理的挑战，许多科学理论的提出也都是对传统权威进行冲击。假如科学家们一味从众，哪有我们今天的科学世界？典型的例子如前面谈到的哥白尼对地心说的大胆怀疑和日心说的建立，而哥白尼的学说不仅改变了那个时代人类对宇宙的认识，而且根本动摇了欧洲中世纪宗教神学的理论基础，从此，自然科学才开始从神学中解放出来，科学的发展从此便大踏步前进。

但是也如前所说，标新立异、向传统挑战是要付出代价的，甚至生命。如果我们没有1977年以后的拨乱反正，没有思想解放，我们只能从众，不能"越雷池半步"，当然也很难有科学的创新。

> **哥白尼**
>
> N. 哥白尼（1473—1543），波兰天文学家，日心说的创立者，近代天文学和自然科学革命的先驱者。根据长期的天文观测和科学计算，提出行星和地球都围绕太阳旋转的理论，进而推翻了统治天文学和人类科学上千年之久的托勒密地心说，被认为开辟了近代科学的新纪元。著有《天体运行论》。

强烈的怀疑和批判精神，喜欢标新立异、自创理论是西方科学发展的重要基础。科学的发展需要创新，而创新需要怀疑和批判。没有怀疑和批判，就意味着科学生命的终结。从科学史看，怀疑和批判精神是推动科学进步的决定因素。

科技创新的本质是追求新发现、探索新规律、创立新学说，思维创新或创新思维是科技创新的关键。同样一个问题，思维不同，所得出的结论是不一样的，应自觉地、有意识地克服和抵御从众心理，不轻信传统，不迷信权威，不唯书是从，不停留于思维定式。

好奇心是创新思维的重要来源，对什么事情都持司空见惯、习以为常或无所谓的态度，持"众人的看法"，就很难有创新的思想。在网上看到一则有趣的好奇心的例子，一个人想到耳朵有很大的孔，飞虫、小爬虫很容易进去，但为什么一般情况下它们并不钻进耳朵里呢？是耳朵构造问题？是人的防备？似乎都不成立，于是他想到耳垢，经对耳垢的分析，发现耳垢竟然由 120 多种成分组成，其中不乏有毒以及有特殊气味的成分。最基本的好奇心就是对现有的事物、事实多问"为什么"，多刨根问底，并为得到真相亲自下功夫探讨，穷追不舍。诚如伦琴发现 X 射线，首先是基于伦琴对实验中出现的现象的好奇，而据历史记载，其实在伦琴前，就有英国的物理学家克鲁克斯（W.Crookes，1832—1919）制成了高真空度的"克鲁克斯"放电管，研究阴极射线的性质，在实验中发现放在管子附近的照相底片上有被感光的迹象，但由于观察不细，他竟然忽略了这一重要现象，使他失去了一项重大发现的机会。这也可以说是好奇心的一次丢失。要在某个领域有所发现、有所发明、有所创造，首先需要人们对该领域或其中的某事物特别关注，如果对一切都漫不经心，就不能有新发现和创造。所谓对某领域或其中的某事物特别关注，简单说就是对该领域或该事物特别有兴趣。人们通常认为兴趣就是爱好，如对计算机上网有兴趣表现为爱上网、喜欢花精力和时间去上网，甚至成为"网迷"。但是，科学技术上的创造，只有一般的兴趣、有好奇心是远远不够的，最基本的是要从感兴趣的事物或事情中提出问题。爱因斯坦曾经说："提出一个问题往往比解决一个问题更重要，因为解决问题也许仅是一个数学上或实验上的技能而已，而提出新的问题、新的可能性，从新的角度去看旧的问题，却需要有创造力和想象力，而且标志着科学的真正的进步。"所以要能够有创新思想，必须对事物有浓厚的兴趣、强烈的好奇心，还要有丰富的想象力。

亚里士多德认为，当一个推动物体的作用力不再去推动物体时，原来运动的物体便归于静止。这一观念统治历史长达两千多年，从来无人怀疑。只有伽利略勇敢地提出疑问并大胆假设：一个人推一辆小车在路上走，他突然停止推车，车并不马上停止，还要再走一段路，若毫无摩擦，小车便会永远运动下去。这就是惯性原理。伽利略的这一发现，由此引起了一场思想方法的革命。爱因斯坦高度评价："伽利略的发现以及他所应用的科学推理方法，是人类思想史上最伟大的成就之一，而且标志着物理学的真正开端。"

创新必须求真，一味地服从和顺应，既达不到求真的要求，也很难有创新。所以说，从众心理和科技创新的本质是根本背道而驰的，从众心理是对科学的扼杀。爱因斯坦曾说："没有个人独创性和个人志愿的统一规格的人所组成的社会将是一个没有发展可能的不幸的社会。"想想看，这是多么悲惨的情况，没有创新的社会是不会有发展的。在商品竞争的时代"标新立异"、"独辟蹊径"的求异思维是绝对不能缺乏的。而要达到求异创新的效果，除了应该有丰富的专业知识外，更要有完整而正确的思维方法，包括逻辑思维、逆向思维、创造性思维、跳跃式思维、超前式思维，等等。

文化工作是最不应该用"从众"标准的，一篇独树一帜的科学报告可能得不到掌声，甚至有反对者，一个掌声多的作品未必是优秀作品，一个掌声多的演员未必是最佳演员，我们不要用民主集中制和少数服从多数的标准或掌声大小的标准来衡量科学和文艺作品。

破坏性试验
——极端化思维与方法

在科学技术试验中有一种试验叫破坏性试验。例如要检测某个电器的性能，就把与这个电器有关的某个因素放大到极大，并观察在这种条件下电器性能的变化，假定使加在电器上的电压很大、很大或让通过电器的电流很大、很大，如果该电器在这些情况下仍然完好，就表明该电器性能完好。再例如，人们为了确定一种水泥的标号，常常把由它制成的混凝土块做加压试验，而且一直加大压力，直到混凝土块被破坏，再根据这时的压力确定水泥的标号。此处所说的破坏性试验是为了研究和确定材料的性能，有时破坏性试验或称为极端法试验，也是科学研究中采用的，即将一个过程或一个对象中的相关因素置于非常规情况、极端情况下来考察和研究，就可能有新的发现，所以有人认为极端化方法也是一种创造性思维或方法。极端化的思维方法对人们思考、学习和研究自然科学都有一定意义。例如，如果要问一枚硬币在其中心打一个小孔，在硬币受热时，这个小孔是变大了，还是变得更小了？这个问题似乎是不易回答的，但要是把小孔设想为极大、极大，或许问题求解的范围就清楚了。许多中学教师都介绍了在物理和化学解题中采用极端思维的方法，或极值法，即将条件想象到极值，就对该物理或化学题有更深刻的了解，再求解就容易了。或者也可以说极端思维，是思维中的由量变到质变的方法。

所谓极端化的思维方法，就是要在思考时想至极端，需要强调的是，这仅仅是在思想上走到极端，根本不同于在行动上走极端。在行动上走极端是不可取的，是会损人而不利己的。如果仅仅是在思考中思考极端情况下有什么变化，可能是对实际生活无害、对理解问题有益的。假如我们设想物价会天天涨，涨到无限，或设想物价会天天跌，跌到无穷，我们至少可以更清楚地认识到货币有什么作用和应当发行多少货币。在日常生活问题上，也可以有极端化方法的应用，例如，是包小饺子费馅，还是包大饺子费馅？我们就可以设想，要是我们有二斤面粉、二斤馅，如果我们把这些面粉和的面擀成一张很大、很大的饺子皮，只包一个饺子，可能可以把全部的馅都放进去，也许这样想，就可能认为还是包大饺子费馅。

在一般情况下，极端化思维或极端思维是不可取的。这时极端性或极端化思维常常表现为走极端、以偏概全、绝对化、简单化、非白即黑，极左、极右、忽左忽右，对一些事物或事情过分夸大或缩小，典型的如"两个凡是"：凡是如何……凡是如何如何……；有人分析我国营销中的两种极端化思维：一是"酒香不怕巷子深"，一是"营销就是做广告"，结果都导致失败。

人们的情绪化就容易导致极端思维。例如少数教师由于种种原因造成情绪化，就容易极端地认为某某学生不可救药，坏到极点；有些人就会无理地吹捧或贬低某些演员或球员；有些领导就会无理地认为他的下级绝对不行，必须调走。这些极端思维违反了实事求是原则，违背了事实真相。

说完实事求是、比较法和极端化方法，再重复说我们究竟为什么要学习辩证唯物主义和唯物辩证法。我们学习唯物辩证法，不只是为了记住对立统一规律、由量变到质变的规律和否定之否定规律，不只是为了承认这些规律是正确的，而是为了用唯物辩证法来认识问题和处理工作，即把唯物辩证法作为我们观察实践的方法论，舍此并无别的目的。而且方法论要讨论的问题还不止上面那些，还有归纳与演绎的统一，历史方法与逻辑方法的统一，等等。所谓归纳，就是从个别事实、个别场合得出普遍性观念的方法，本书讲的判明因果联系的契合法、求异法就是归纳。所谓演绎是从普遍性命题导出另外的普遍性命题的方法，本书讲的逻辑方法就是演绎。归纳可以得到以前没有的知识但不一定可靠；演绎可靠，但不一定会得到前所未有的知识。

杨振宁教授曾对中美的物理教学做过生动的比较，中国学物理的方法是演绎法，先有许多定理，然后进行推理。他在美国攻读研究生时的导师注意点不是最高原则，这并不是说他们不认为最高原则重要，在他们的眼中，这些都是已经过去的成就，他们的眼光随时注意现实中出现的现象，而他们的教学方法是先抓住这些现象，然后从这些现象中进行探索求证，用过去的基本的最深的原则来验证，叫做归纳法。他指出这种教学方法是启发式的，进而指出在中国传统的教育体制下，小学、中学甚至大学，普遍的教学方法是演绎法。就是从大原则开始，从已经了解的最抽象、最高深的原则开始，然后一步步地推演下去。因为有这个原则，所以会推演出结果。这种方法可以学习前人已经得到的一些经验，

> ★★★
> **归纳法**
> 逻辑推理的方法之一，是从特殊推出一般性结论的过程。分为完全归纳法和不完全归纳法。后者包括简单枚举法和科学归纳法。
>
> ---
>
> **演绎法**
> 逻辑推理的方法之一，与归纳法相对，是由一般推出特殊结论的过程。演绎推理的典型形式就是三段论。

可以少走弯路。杨振宁教授说:"我之所以在中国有很好的底子,打下非常扎实的根基,就是受到这种训练。"

现在我国的教学已经非常注意提高学生独立思考、开阔思维的归纳法教学方法。

第十一章
医生和患者是什么关系
——思维方式

　　人的认识是一个非常复杂的过程和系统，作为认识系统，它要包括进行认识活动的认识者和被认识的东西或对象两个方面。我们可以把被认识的东西或对象称为认识系统的客体，而把进行认识的认识者称为认识系统的主体。探讨认识客体与认识主体的关系，是哲学的一对范畴，主体是实践活动和认识活动的承担者，客体是主体实践活动指向的对象，认识主体是处于一定社会关系、从事实践活动和认识活动的人。认识客体是进入人的实践活动领域并与主体相联系的、人的实践和认识的对象。二者又是统一的：主体和客体是认识和被认识的关系，客体制约主体，主体又能动地反映客体。主体和客体统一的基础是实践。

　　按照马克思主义哲学，主体就是实实在在的人，可以是个人主体、集团主体和社会主体，实践关系是主体和客体关系的最基本方面。在主体和客体的实践关系中，同时发生着认识关系、主体改造客体的关系。主体和客体既是对立的又是统一的。

　　主体认识源自客体，通过主体的大脑认识形成观念、理念，观念指导行为，行为的对象是客体。认识是主体与客体之间的媒体，是客体在主体中留下的印象、缩影、痕迹、信息和主体神经系统对存留信息的加工、整合、确认、分析、抽象和提取。有人还把主体和客体联系起来的各种形式的工具、手段或方法称为主客体的中介。

对二者的关系还要补充以下几点：

1. 人们在认识世界或观察问题时会由于经济地位、劳动和生活条件不同而形成一定的认识习惯、认识角度、认识态度或认识风格，或者叫思维样式、模式或称思维方式。如过去长期在农村可能形成小农思维方式，长期在军队可能形成对上级必须服从的思维方式，而长期在研究所或学校工作的人会形成除相信实验数据和公式，谁也不信的思维方式。人们的思维方式有相当的稳定性，不会轻易改变。总之，思维方式是人们在实践基础上产生的思想观念，从而对行为活动产生一种惯性作用，进而固化为一种习惯性的思维定式，即思维方式，并反过来又会对思想观念的选择，进而对行为活动产生一种反作用，而且是在主体无意识的情况下发生的，是隐含的，以至于人们甚至并不自觉。

2. 在认识活动中，要努力使客体发出主体可接受的信息。例如，为了了解野生生物的行踪，需要给野生生物安装可发出无线电波的装置，让它发出或反射出电波。总之，使客体适应主体的需要，用哲学语言说，是使认识的客体主体化。

3. 在认识活动中，主体也要努力使自己符合客体的性质。例如，为了认识快速奔跑的动物的行为，人们需要用快速奔跑的胶片去摄影，要有高速照相机。为了了解许多生物的习性，人们还需要按天然情况建立自然保护区或研究中心。总之，客体的特点决定着主体需要具有的手段，用哲学的语言说主体要客体化。客体主体化和主体客体化，就比较具体地说明了主客体二者的关系。

4.主体与客体相互作用表现为：客体通过人的目的性进入人的视野，并被人所反映，成为人的意识的一部分，表明了客体对主体的作用，人的活动总是有意识、有目的的实践性的活动，我们对客体的改造总是在意识的指导下进行的，这表现为主体对客体的作用。

在哲学史上有一种把主客体关系比作物质与意识关系，并认为二者有同样地位的"原则同格"的观点，认识论上的"原则同格论"表面像二元论，其实仍然是唯心主义的。哲学上的二元论否认世界的统一性，认为世界有两个相互平行、各自独立的本原：一个是物质，一个是精神。二元论是一种不彻底的哲学，它动摇于唯物主义和唯心主义之间，并把精神看成是独立于物质而存在的，因此，最终必然会倒向唯心主义。

主体与客体不仅作为认识论问题被讨论和争论（例如有人认为主客体关系是哲学的基本问题，而另一些人反对），也常常被用来讨论其他一些领域的辩证关系，如师生关系、医患关系等。通过对这些实际问题的研究，可以使我们对主体、客体有更清楚的认识。

目前，在教育界正在兴起教育哲学，其中讨论得最基本的、最普遍的是师生关系的主客体问题。有人主张以学生为主体，因为学生是学校的多数，而且学校就是为学生办的；也有人主张学校要以教师为主体，因为学校是教学单位，教学水平的高低、学校声誉的好坏直接决定于教师的数量和质量；还有人认为教学即教与学都是在教学过程中实现的，教与学又是师与生活动的统一，它们是相对独立又相互依存、相互制约、互为客体、对立又统一的两个主体。就教师是施教者来说，学生是受教的客体，但这种授受不是机械的，学生不是电脑，输入什么便一丝不误地记录下来。学生是活生生的人，任何外因必须通过学生的内因起作用。就认识论而言，学生是接受的主体，授者以受者为客体，受者又以授者为客体。但总体上是把师生关系视为平等的、互为主客体、对立而又统一的辩证关系。把教师看作主要因素是可以理解的，名师出高徒嘛，办好学校当然要以教师为本。但我们也可以说或应该看到事情还有"高徒出名师"和"高徒出名校"的一面。例如，正像我国的许多杰出人物由于是清华大学毕业的，所以清华才成了名校。

湘潭大学党委书记肖国安认为：高校以人为本，首先必须以育人为本，尊重学生在教育中的主体地位，办好人民满意的教育。人才是立校之本，贯彻以人为本。其次必须坚持人才为本，尊重教师的主体地位，充分依靠广大教师办学，一定要坚持教师在学校的主体地位。

学校是由教师和学生组成的师生关系群体，师生都作为人的存在，是没有差别的，师生关系是人格平等的关系。学校的根本任务或性质是培养人，教师要用自己的知识和人格魅力"改造"学生，"塑造"学生，所以在学校里教师是主体，学生是客体，但学生不是一般的客体，而是和教师（主体）具有同样的独立的人，作为客体有特殊的主观能动性，或称为是客体的主体性，而且作为主体又必须充分注意和尊重客体的主体性。所以师生关系又不是一般的主客体的关系，根据我自己的经验和体会，也许更应当认为师生之间是教学相长、互相培养的关系，教师当然是培养学生的，但学生也通过经常向教师提问帮助教师明确课程的重点和难点，学生提的问题有时教师会回答不出，或不能作及时、准确的回答，教师只能再读书、再思索、再研究，直至可以迅速又准确地回答问题。我在大学算是不坏的教师，也曾经多次回答不了学生提的问题，但我感谢学生们的提问使我有所提高，感谢学生们培养了我。从哲学意义上，"师生关系平等"指的是

"人格平等"，都作为人的存在，是没有差别的。人格关系是师生关系最核心的组成部分。我国自古以来就是按照孔子的教育方针实行"有教无类""教学相长""三人行，必有吾师"，实践证明，它们都是既适宜又合理的。我们应加强师生交流，建立平等、和谐的师生关系，提倡师生共同研讨问题。

医院里的医患关系类似于学校里的师生关系，医院和医生的任务或职责是给病人治病，是医疗的主体，病人是被治病者，是客体。类似的，一方面，从哲学意义上，医生和患者都作为人的存在，是没有差别的，人格平等关系是医患关系最核心的组成部分。另一方面，医生给患者治病是主体，而作为患者也并非一般的客体，和医生一样有人格受到尊重的权利，有知情权，并且是有相当主观能动性的人，即有相当的主体性。有位德医双馨的医生说："病人是医生真正的老师，是病理现象的展现者，医生的双眼只有在病人面前才能焕发智慧""医生应该敬畏病人，因为病人是将自己的生命交给你了。"病人可为主体的医生的思维提供素材，引导方向，在治疗中和医生合作，实际上参与治疗，医生（主体）要充分尊重患者（客体）的感受、意见、需求和要求，充分调动和引导病人的主动性，真正使医生提高水平的是病人，所以有的医生说医患关系是平等的鱼水关系，甚至有感恩之情。可能，医院也不要讨论以患者为主体还是以医生为主体的问题，如果说教师和学生有教学相长的关系，医生与患者之间就可以有医患相助的关系，名医哪里来的？是在治愈患者，尤其是重病患者的实践中得到的，也可以说这里是"重患出名医"。虽然物质与意识之间没有也不可能有原则同格，但在师生间、医患间似乎是可以有原则同格的。

我们在前一章讨论的思维方法，着重说的是人们（认识主体）在认识活动中可以运用的思维手段，无论是比较法或是判明因果联系的求同法、求异法，都具有一定的可操作性，但是，前一章只探讨思维的方法，还不是认识客体与认识主体关系的全部，实际上主体对客体的认识，不仅有方法问题，还有主体的认识态度、认识角度问题，这一章，我们将更多地讨论思维（认识）的态度和角度。所谓思维方式，就是思维主体在实践活动基础上借助于思维形式认识和把握对象本质的某种手段、途径和思路，并以较为固定的、习惯的形式表现出来。

思维是人脑对客观事物的本质属性和事物之间内在联系的规律性所做出的间接和概括的反映，是在表象、概念的基础上进行分析、综合、判断、推理等理性认识的过程，包括逻辑思维和形象思维，通常是指逻辑思维。思维的工具是语言，人们借助语言，将丰富的感性材料加以分析和概括、综合，由表及里、由此及彼、去粗取精、去伪存真，从而揭露不能直接感知到的事物的本质和规律，思维是反映客观世界的能动过程，它既能反映客观世界又能动地反作用于客观世界。爱因斯坦说："思维是精神世界中最瑰丽的花朵。"

思维方式作为一定时代的人们的理性认识方式，从社会方面看，思维方式接近于我们过去常讲的立场、观点、方法的总和；从认识的本质看，任何思维方式都是社会实践活动方式在人脑中的内化，是客观的感性物质活动意识化、观念化的结果。

人类的思维方式是和人类社会及其发展密切相关的，每一时代都给这一时代的思维方式打上鲜明的时代烙印，完全超出时代的思维方式是没有的。由前所述，西方科学技术的发展是和西方社会的科学家的崇尚追求真理、重视想象，甚至幻想等思维方式有关，而我国的传统则是崇尚书本、迷信权威、思维禁锢。任何思维方式都不是固定不变的，它随着历史时代的变迁、社会实践的发展和科学技术的进步而更新。迄今为止，有人分析，人类社会的思维方式已经经历了5—6个阶段的发展。

思维方式指人们思考问题，进行抽象思维的方式，是主体认识客观现实，在思维中反映和把握客观现实，在信息论、系统论、控制论普遍运用，社会改革深入进行的时代，唯物辩证法的思维方式及其范畴、规律和体系在不断地丰富和发展，思维方式的变革是时代的需要，是哲学探索的紧迫任务，例如有的中学教师采取"发散式思维"教学，引导学生深入理解一些概念，收到了很好的课堂效果。有的哲学家提出在当今应该采用"打破现状思维"等。

本书介绍几种或许有助于扩展思维的思维方式。

做好代思人
——换位思维

我们经常听说某某是谁的代言人，意思是他总是替别人说话，而这里讲的代思人，则是说替别人思考。做他人的代思人是要为他人着想的。做人的基本道德要求，就是凡事不能光为自己打算，也要替他人着想。人们之间的生活条件、兴趣爱好、利益关系往往是各有不同的，看问题有立场、观点、方法的分歧是不可避免的，如果各方都只坚持自己的一套，就只能是"话不投机半句多"了，不能彼此容忍，更不会有和谐互利，甚至不能和平共处。如果各方都能从对方的地位思考问题，情况就会完全不同了，这时，就有较多的求同存异，和谐互利，团结一致。一个人经常替别人着想，对他自己也有好处，正像一个乒乓球运动员常从对手角度想问题，会提高自己的技艺。如果我们的领导者常常能从老百姓的需要和要求想问题，社会主义和谐社会的建设就会顺利得多。在伦理上我们提倡一个人不要光为自己着想，也要替别人着想，在替别人着想时，就用得上换位思维。

反其道而思之
——逆向思维

逆向思维也可以说是反其道而思之的思维，人们有时会说孩子有逆反心理，逆反心理就是反其道而思之的心理。

人们有时会主动使用逆向思维，从对立的方面思考问题，这时的逆向思维可以说也是换位思维，不过它不是一般的替别人着想，而是从事物的对立的方面着想，从而使自己的看法更全面、更可靠、更有效。例如球类比赛的一方常会琢磨对方的状态，从而改善自己的比赛策略，这时的逆向思维，表面看是替对立面着想，实际上，是更多地为自己着想。

一些农村、乡镇的领导干部，为了改变贫苦的现状在一起研究脱贫致富的办法，包括荒山开发、建桥修路等，可是研究来研究去就是没有资金（当然是在筹、借、贷都不可能的情况下），"有钱能使鬼推磨"，没钱可是寸步难行啊，大家都被"资金"困住了。在这种情况下，如果有人提出先以开发荒山招标，资金不就有了吗？这一招就是逆向思维，它使问题就这样解决了。

客观事物之间有着多种复杂的内在联系，许多现象常常是互为因果的，具有双向的性质，从事物性质常态的相反方向去思考问题，即反其道而思之，以此扩展对某一问题研究的思路的思维方法，就是逆向思维。

逆向思维法是一种科学的、复杂的思维方法，其过程大致是反过来从事物的结果出发。例如上例，困难就卡在没有资金，这就是事物的结果，设计一个事物发展的逆过程（先以开发荒山招标），利用因果关系的内在本质联系，有了资金就可以实现各种措施，从而解决脱贫致富问题。

逆向思维具有"创造性、探索性、审析性"等重要特征，它的思维过程恰恰是与正向思维的途径和程序相反的。

有一个很典型的例子，1964年6月29日，我国要发射自行设计的第一种中近程火箭。实验发射时，火箭射程不够，专家们都在考虑怎样再给火箭肚子里多添加点推进剂，无奈火箭的燃料贮箱有限，再也喂不进去了。正当大家绞尽脑汁想办法时，一个高个子的年轻人站起来说："火箭发射时推进剂温度高，密度就要变小，发动机的节流特性也要随之而变。经过计算，要是从火箭体内泻出600公斤燃料，这枚火箭就会命中目标。"他从火箭射程不够是因为推进力不够的结果出发，根据当时炎热的天气对推进剂密度的影响、气体升温、体积膨胀的原理，经过周密计算，提出不仅不要增加推进剂，反而应该泻出600公斤燃料以腾出空间。对此大家都表示怀疑，年轻人请教了他的老师，得到首肯，结果实验成功。可见，无论是正向思维还是逆向思维都需要有根有据，都需要有相当的科学知识。这位年轻人大胆进行的逆向思维，创造性地解决了我国第一枚火箭发射的关键问题，他就是刚从大学毕业的王永志，中国载人航天工程总设计师，而他的老师就是钱学森。

逆向思维也是一种换位思维，它不仅是替别人着想，也从对立面的人或环节着想，包括从结果想原因，从危机想机遇，从大学生就业难想到对大学扩招、专业设置乃至教育制度，等等，是一种十分有用的思维方式。

科学家和艺术家
——想象、幻象与猜测

人不仅可以回忆过去感知过的事物形象，而且还能创造新的形象，这种在刺激影响下，人们头脑中原有的表象经过加工改造和重新组合而产生新的形象的心理过程就是想象。想象是一种高级复杂的认知活动，具有形象性、概括性、新颖性和幻想性等特点，是思维的一种特殊形式，想象的这些特点决定了它在科学技术研究、艺术创造以及其他活动中的重要作用。

在人们的感觉、印象中，常常会出现一些反映人们的愿望、设想或猜测的图像或观念，这也是常说到的想象，例如想象某人考上大学或某人落榜，想象家人有病或康复。一般说，想象总是与现实有差距的，因为在想象时人们总是难免抱有希望的，而希望常常会使想象变形。如果人们对某人抱有良好愿望或不大友好，就可能对此人有好的或不大好的想象，如果过分希望家人健康或担忧其身体，反而会想象家人生病。因此，要让我们的想象不过分脱离实际，最好在想象时尽可能减少愿望的因素，或者把好的想象再想得不那么好，把坏的想象再想得不那么坏。

古希腊哲学家亚里士多德说："想象力是发明、发现及其他创造活动的源泉。"现代科学巨匠爱因斯坦说："想象力比知识更重要，因为知识是有限的，而想象力概括世界上的一切，推动着进步，并且是知识进化的源泉，严格地说，想象力是科学研究中的实在的因素。"德国物理学家普朗克（Max Karl Ernst Ludwig Planck，1854—1947，量子物理的开创者和奠基人，1918 年获诺贝尔物理学奖）在谈到假设时说:"每一种假设都是想象力发挥作用的产物。"英国物理学家廷德尔(Tyndall John,1820—1893)说:"有了精确的实验和观测作为研究的依据,想象力便成为自然科学理论的设计师。"综观西方科学的发展,重要的方面就是提倡和发扬科学家的想象力,想象力的确是体现了他们的伟大而深邃的预见。

想象,就是"设想",就是继续沿着同一种事物设想下去,设想出不在眼前的某事物的具体形象。从目的性来看想象有随意想象和不随意想象,不随意想象从内容新颖度看有再造和创造想象。从想象和现实关系看还有猜想、幻想,只不过它们离现实好像更远些。创造想象是和创造思维紧密相连的,新颖、独创是创造想象的本质特征,是人类从事创造活动必不可少的基础。

认识活动中的去粗取精、去伪存真,可以理解为在想象中粗的因素和伪的因素不存在,我们心目中的理想社会观念、科学中的理想模型都要靠想象。艺术、音乐更需要想象,也充满了想象。失聪的贝多芬(Ludwig van Beethoven,1770—1827,德国的"乐圣")的《田园》《命运》和《英雄》交响曲完全是对美好世界的想象。提出相对论的爱因斯坦钟情哲学、艺术,每天拉小提琴,还弹得一手好钢琴,正是艺术给予他丰富的想象力。

高尔基有一段对文学家需要想象力的非常精彩的话:"文学家的工作或许比一个专门学

贝多芬

者，例如一个动物学家的工作更困难，科学工作者在研究公羊时用不着想象自己是一头公羊，但是文学家却不然。他虽然慷慨，却必须想象自己是一个吝啬鬼。他虽然毫无自私心，却必须觉得自己是贪婪的守财奴。他虽然意志薄弱，但却必须令人信服地描写出一个意志坚强的人。"

科学家也需要有艺术家那种丰富的想象力。据说，在苏联先于美国发射载人宇宙飞船后，美国一些人感到惊奇并努力探求原因，有的美国人认为，美国与苏联在宇宙技术上差不多，差距在于美国人的想象力不如苏联，因为苏联人有比较发达的艺术修养（因为把人送上天需要想象力），苏联在音乐、艺术方面有列宾、柴可夫斯基这样的大艺术家，美术教育方面也超过美国。这种分析可能对我们很有启发，目前中国的科学技术人员的音乐、美术修养也很不足，为了实现技术创新，需要重视艺术教育。1991年10月16日，钱学森在人民大会堂授奖仪式上即兴演讲，他说："44年来，蒋英（钱老的夫人，音乐家）给我介绍了音乐艺术，这些艺术里所包含的诗情画意和对人生的深刻的理解，使我丰富了对世界的认识，学会了艺术的广阔思维方法。或者说，正因为我受到这些艺术方面的熏陶，所以我才能够避免死心眼，避免机械唯物论，想问题能够更宽一点、活一点。"他向温家宝提出培养具有创新能力的人才问题时说："一个有科学创新能力的人不但要有科学知识，还要有文化艺术修养。没有这些是不行的……"实际上我国许多老一辈科学家，如为原子弹、氢弹作出重大贡献的科学家汪德熙（1913—2006，我国著名高分子化学家，核化工事业主要奠基人之一，中科院资深院士，美国麻省理工学院化学博士）也是一位钢琴家；李政道有"两个翅膀，一个科学一个艺术"。我们应当重视对科技人员的艺术教育，培养科技人员的想象力，这对科学研究事业和各项事业都重要。

事实上，纵观科学史就可以发现，重大的科学发现或实践都是由科学家的充分的想象力取得的，例如古今中外都对神秘的月球一直充满了幻想和猜测，就是基于这种幻想和猜测才使科学家们想方设法登上月亮。我们在前面提到人们的创造，大体包括三个要素，一是要有兴趣，二是要有好奇心，三是要能想象，三者缺一不可。

伟大的科学家一般都有丰富的想象力，尤其是创造想象，人们最需要和最可贵的是创造想象，而这也是最难的。创造想象是不依据现成的或现有的描述而独立地创造出新形象的心理过程，而正是这非凡的独创的想象力造就了重大发现。爱因斯坦曾有过这样的想象："如果我能以光速追寻一条光线运动，那么我就应看到，这样一条光线就好像是在空间里振荡而停止不前的电磁场。"正是凭着这种超人的想象力创立了他的"相对论"。又如英国科学家托马斯·赫胥黎（Thomas Henry Huxley，1825—1895，英国著名博物学家，达尔文进化论最杰出的代表）面对当时英国新发现的巨蜥龙，他想象火鸡可能是由巨蜥龙进化而来。于是，他在做了大量的比较研究之后，大胆地提出了鸟的起源可能与恐龙有关。这在当时受到众多人的反对，但如今，"鸟是由小型兽脚类恐龙演化而来"这一学说已得到世界科学界的普遍认可。2008年11月公布的2008年世界五大发现再次证实了这一观点。

很多科学发现与发明都是"想象"的功劳，莱特兄弟（Wright brothers。兄：维尔伯·莱特 Wilbur Wright，1867—1912；弟：奥维尔·莱特 Orville Wright，1871—1948）从小就富于幻想和爱好自己动手制作他们喜欢的东西。当他们的爸爸表演了为他们买回来的玩具飞螺旋后，小哥俩知道除了鸟、蝴蝶之外，人工制造的东西也可以飞上天。从这以后，在他们的幼小心灵里，就萌发了将来一定制造出一种能飞上高高蓝天的东西。这个愿望一直影响着他们。1896年,莱特兄弟在报纸上看到一条消息:德国的李林塔尔因驾驶滑翔机失事身亡。这个消息对他们震动很大,兄弟俩决定研究空中飞行器,历经艰苦和多次的失败,他们终于将幻想、想象变成现实,为人类插上"翅膀",使人类飞上蓝天。

1888年海因里希·鲁道夫·赫兹(Heinrich Rudolf Hertz,1857—1894,德国物理学家)证实了电磁波的存在。1894年,年仅20岁的伽利尔摩·马可尼(Guglielmo Marchese Marconi,1874—1937,意大利电气工程师和发明家,无线电技术的发明人)了解到赫兹几年前所做的实验,这些实验清楚地表明了不可见的这种电磁波以光速在空中传播,马可尼很快就想到可以利用这种波向远距离发送信号而又不需要线路,从而发明了无线电通信。1909年,他与另一位无线电先驱者卡尔·弗迪南德·布劳恩(Karl Ferdinend Braun,1850—1918,德国物理学家)共享了诺贝尔物理学奖。

1875年,电话的发明人亚历山大·格雷厄姆·贝尔(Alexander Graham Bell,1847—1922)正在和他的助手研究改进电报机,助手房间里的电报机上有一个弹簧偶然地粘到磁铁上了,助手拉开弹簧时,弹簧发生了振动。与此同时,贝尔惊奇地发现自己房间里电报机上的弹簧也颤动起来,还发出了声音,是电流把振动从一个房间传到另一个房间。贝尔突然悟到:如果人对着一块铁片说话,声音将引起铁片振动;若在铁片后面放上一块电磁铁的话,铁片的振动势必在电磁铁线圈中产生时大时小的电流。这个波动电流沿电线传向远处,远处的类似装置不就会发生同样的振动、发出同样的声音吗?这样声音就沿电线传到远方去了,这不就是梦寐以求的电话吗!1875年6月,利用电流传送声音的实验取得成功;经过技术上的改进,1876年诞生了电话。

德布罗意（Louis Victor de Broglie，1892—1987，法国著名理论物理学家，1929年诺贝尔物理学奖获得者，波动力学的创始人之一，物质波理论的创立者，量子力学的奠基人之一）在光有波粒二象性的启发下，想象并提出微观粒子也具有波粒二象性的假设，之后通过电子衍射等实验得到证明。而后科学家们在此基础上完善和发展了量子力学。

法拉第正是以他超人的想象力，在不断失败的实验中，想象磁棒两端有无数条看不见的线把磁棒两端连接起来，并把它们称为"磁力线"。只有当线圈切割磁力线的时候，导线才会产生电。法拉第还发现，导线切割磁力线的速度愈快，导线产生的电动势也愈大；切割磁力线的方向不同，产生的电流方向也不同。这就是著名的电磁感应定律。发电机就是依据这个定律制成的。

猜想也是想象，是凭想象估计，有时也称为假说。当猜想被证实时就可能成为理论，科学上的猜想一般都是有相当依据的，是经得起推敲的，而不是凭空瞎想。如四色猜想经过几代人的努力，已经成为四色理论。哥德巴赫猜想至今还没有被完全证实，它是在1742年由一位中学教师提出的，其内容是：(1)任何一个大于6的偶数，都可以表示成两个素数之和；(2)任何一个大于9的素数，都可以表示为三个素数之和。众多的数学家证明它是对的，但却无法论证它为什么正确。

得来全不费功夫
——顿悟、灵感

按照被多数人接受的见解，创造思维过程有四个阶段，即准备、孕育构思、潜伏顿悟和验证完成。即在准备、构思、苦苦思索之后，会产生灵感、顿悟。

《辞海》中"灵感"的定义是：文艺、科学活动中因思想的高度集中、情绪高涨而突然表现出来的创造能力。创造者在丰富的实践基础上，进行酝酿思考的紧张阶段，由于有关事物的启发，促使创造活动中所探索的重要环节得到明确的解决。严肃勤劳的劳动态度、丰富的实践经验和知识积累、深厚的艺术修养和艺术技能的掌握，是获得灵感的前提。

这里谈了灵感的产生、特征、产生的条件和结果，再补充说：灵感（inspiration）是人们思维过程中认识飞跃的心理现象，是长期思考的问题百思不得其解，思维达到饱和，造成一触即发的诱发态势，受到某些事物的启发，一种新的思路突然接通，思索的问题忽然得到解决的心理过程，犹如进入"山重水复疑无路，柳暗花明又一村"的境地，是显意识和潜意识活动相结合的产物。在本质上是一种高级认识阶段上的心灵刺激感应活动，是智力达到一个新层次的标志。这种状态能导致艺术、科学、技术的新的构思和观念，灵感是创造思维的特征之一。法国大数学家朱尔·昂利·彭加勒为了证明富克思函数是否存在，在两个星期内反复研究却得不到结果，一天晚上，偶尔喝了咖啡，由于兴奋而不能入睡，各种想法纷至沓来，它们相互冲突、排斥，如此折腾了一夜，第二天清晨问题豁然而解。为了定义富克思函数的变换与非欧几何变换式等价的问题，他也研究了很久却不得解决。一天，当他准备乘公交车外出旅游时，他一踏上车门，答案竟突然来了。这些都是在他长时间对所研究的问题进行全面、深入思考的基础上得到的灵感或顿悟。

> **彭加勒**
>
> J.H. 彭加勒（Jules Henri Poincare, 1854—1912）法国科学家，在数学、物理学和天文学等诸多领域都有重要成就。19世纪末，他提出了真空中光速不变假设，被认为是相对论的先驱。主要科学哲学著作有《科学与假设》《科学的价值》《科学与方法》等。

灵感是人脑的机能，是人对客观现实的反映。灵感导致创新。灵感不是神秘莫测的，也不是心血来潮，而是人在思维过程中带有突发性的思维形式。应该强调的是这里所说的灵感是创造的灵感，而这种灵感不是无中生有的，是对艺术、科学创新长期积累、艰苦探索所产生的突发性思维。丰富的知识是灵感产生的基础。灵感思维产生的心理机制是人脑在实践、经验的基础上由潜意识、显意识交互活动的结果。列宾（Илья Ефимович Репин，1844—1930，19世纪后期伟大的俄国批判现实主义绘画大师）说过：「灵感不过是顽强劳动所获得的奖赏。」这种灵感的到来并不是空穴来风，是有规律性、有条件的，"得之在俄顷，积之在乎日"，辛勤的劳动、艰苦的探索，善于观察、勤于思考是灵感发生的先决条件，而广泛涉猎和注意多个领域和一般生活中的知识和事物，善于将所见所闻和创造目标结合起来，从而获得启发，扩大研究对象的干预范围和力度，人为地创造多种偶然现象或机遇的出现，也有助于诱发灵感。

最典型也是最古老的例子是阿基米德判断皇冠中真金的含量，在他苦苦思索找不到解决的办法时，他的妻子让他洗澡，他一边洗澡一边还在思考，浴缸的水漫出去了，他在浴缸内越向下坐，漫出的水越多，同时他感到自己越轻。突然，阿基米德赤身跑了出去，并高叫："我知道了，我解决了！"漫出的水量触发了他的灵感，皇冠的重量虽然和皇帝给金匠的黄金一样重，但如果含黄金量少，在水中排出的水量就会比全部是黄金的皇冠在水中排出的水量多。他不仅解决了皇冠含金量的问题，而且在此基础上得到了阿基米德浮力原理，即物体在水中排出的水量等于物体在水中减轻的重量（即浮力）。喜欢探求事物的真理（阿基米德的特点）、苦苦思索和漫出浴缸的水的触发，就使阿基米德产生了灵感，而他能够捕捉到漫出的水则是他积极思维和学识丰富的必然。

灵感、顿悟是人类的思维特征，灵感更是艺术家、文学家们创作的源泉，我国唐代诗人李德裕（787—850）对灵感的描述是"恍惚而来，不思而止"；明代诗人谢榛（1495—1575）更深有体会"诗有天机，待时而发，触物而成，虽幽寻苦思，不易得也"。可以说灵感是突然而至，瞬间即逝，所以我们还要学会及时准确地捕捉住转瞬即逝的灵感火花，并及时记录，不放弃任何有用的、可取的闪光点，哪怕只是一个小小的火星也要牢牢地抓住，如不及时捕捉，由顿悟得到的创造性火花就会熄灭、消失或变得模糊不清，难以利用。在许多艺术家的创作设计生涯中都有这样的体验。灵感出现的机遇对每个人是公平存在的，灵感就在每一个人的身边。

首先，我们需要正确对待灵感，灵感虽然是突发奇想，似乎有点不可思议和不可捉摸，但它并不神秘，不是神灵的启示或恩赐，而是正常人在正常思维过程中得到的。再者灵感常常又是一些人所需要，能对完成思维任务起积极作用的。关于灵感，需要再说明两点：一是灵感只能出现在百思不得其解的时候，没有认真的百思，不可能有豁然开朗的灵感；灵感是不能刻意期待或追求的，灵感常常在百思时突然发生，因此也可以叫顿悟；而且，除了认真的百思，还没有什么方法能让人得到灵感。二是在特别紧张地百思时，如果设法转移一下自己的心理活动，例如去洗个澡或睡一觉，可能（只是"可能"）会有利于灵感的不期而遇或光临。总之，灵感只光顾勤奋的头脑。

在这里，我们反复说到顿悟、灵感和创新的关系，顿悟或灵感是在创新思维过程中产生的，也只有在创新过程中产生的灵感才有意义或价值。我国文学家陈祖芬对创新思维很有感触地说："美国人思想别具一格，有想象力，有创新能力，我们必须意识到，未来社会的发展不是知识的竞争而是创意的竞争。"她深刻体会到创新思维和能力，以及在创新过程中产生的灵感或顿悟的重要性。

然而，这里还是要对本节标题的提法作一点修正，一方面，灵感确实不必要也不可能下功夫去有计划地制造，也不必要、不可能花精力、花时间去刻意等待它的光临，但需要特别指出的是，人们只有在很费功夫的时候，才会有灵感出现。音乐家作曲、科学家解题时，往往会有百思不得其解的情况发生，在长时间百思、苦思苦想中有时会豁然开朗，出现新观念、新办法，这就是有了灵感。必须百思才能得到，怎么可以说全不费功夫？百思是很紧张、很费脑力功夫的，没有长期坚持不懈的艰苦努力，灵感是等不来的。19世纪德国大科学家赫尔曼·赫尔姆霍兹（Herman Helmholtz，1821—1894，在物理学、数学、生理学、心理学等多方面都有独创的贡献）对听他演说的人们说到灵感或顿悟时说："就我经验的范围内说……首先，始终必须把问题的一切方面翻来覆去地考虑过，弄到我的头脑里，掌握了这个问题的一切角度和复杂方面，能够不用写出来，而自如地从头想到尾。通常，没有长久的预备劳动而要达到这一步是不可能的。"而且，在灵感产生后，作曲家、艺术家、文学家、科学家还需要把灵感给予的东西同自己的创作意图和解题思路前后一致起来，这也要费功夫，在科学内容上，灵感还必须接受实践检验和理论发现，灵感就是我们平时说到的"众里寻他千百度"和"踏破铁鞋无觅处"，必须要千百次地寻觅，才能"蓦然回首，那人却在灯火阑珊处"。

突发奇想不一定是坏事，但灵感的重要终究是有条件、辅助性的，在打仗时司令员不能主要靠灵感指挥部队，教师不能主要靠灵感给学生讲课，政治家也不能经常用突发奇想去指导国家建设，或经常靠灵感发动政治运动。

我错了吗
——反思

本书前面已经讲到反思，讲到在黑格尔看来反思就是再思。本节对有广泛意义的反思作些补充说明。

反思可以理解为对自己过去的思想和行为的再思索，反省，或如孔子说的"吾日三省吾身"，是我们常说的对自己的言行进行检查和反省，端正自己的认识，也可以说，反省是对自己认识的拨乱反正。人们通常把反思或反省视为立足于自我情境之外对自己的思想、实践、经验，以及自己的心理感受等所作的再思考、再考察。

广义地说，反思的主体包括所有社会，从个人到团体、民族、种族，乃至各种组织、共同体，反思是对主体自身思想观念和行为意义的自觉的再认识活动，这种再认识活动是以目光的反向回顾为特征的思维心理活动，一般发生在主体的行为之后，认识活动的角度同先前的认识角度有所不同。胡塞尔说："反思都是有意识变异的特征"，即反思本质上都源于观点的变化。他还说:"如果没有它(指原意识或自身意识)我就不能反思。"

稍微广义地说,反思就是对别人的思想、社会的思想,一个人对自身思想观念和行为意义的自觉的再认识活动。我们国家前几年实行的社会性的拨乱反正就是反思。

反思是西方近代哲学的一个概念,又可译为"反省""反映"。作为哲学概念就更有寻根究底和批判性质,也是哲学一个最基本的思维特征,即反思性。

在黑格尔看来,认识活动有的有直接性,如经验;有的有间接性,如反思。反思是作为一种从把握外在本质到把握内在本质的过程。他认为反思是一个把握绝对精神发展的辩证概念,反思是从联系中把握事物内部的对立统一本质的概念。关于反思,按黑格尔的说法"乃是一种特殊的思维方式——在这种方式中,思维成为认识,成为把握对象的概念式的认识。所以哲学思维无论与一般思维如何相同,无论本质上与一般思维同是一个思维,但总是与活动于人类一切行为里的思维,与使人类的一切活动具有人性的思维有了区别"。可见,反思的对象是思维,是一种理性的把握(概念式),反思本身跟一般思维是同一个思维,只是不面向客观世界,而面向思维本身。反思有别于一般的认识,一般的认识是面向外部物质世界的,反思则面向思维本身;一般的认识研究自然界或社会,反思研究认识过程和认识活动。在更宽泛的意义上说,如对既定秩序、传统观念、流行见解等的大胆质疑,对现实状况的重新审视和评价等都属于反思。

当代的一些经济学家、社会学家、政治哲学家等针对现实的世界情况进行了多方面的反思与研究,强调反思在当代的重要性。如首先提出"全球化"概念的英国社会经济学家安东尼·吉登斯(Anthony

Giddens，1938— ）将现在的世界称为"反思的现代化"，而将过去称为"简单的现代化"。他指出，在这个全球风险时代，而这个风险又是我们自己造成的，必须借助批判性反思重新勾画指引未来方向的"地图"。反思现代化是要重新评价既有的价值、理念以及制度，重新认识我们生存的环境及我们自我。

怀疑和批判是反思的根本特征，但是批判并不是简单地否定或反对，而是肯定和否定的辩证统一。批判在西方的原意有判断、评价或考察的意思。《汉语大词典》对"批判"的解释也是包含：（1）批示、判断；（2）评论、评断；（3）对所认为错误的思想、言行进行批驳否定。

马克思主义哲学是批判性哲学，也是在不断的自我批判中、批判性论辩中发展的，马克思主义理论的生命与活力也是在科学批判中得以体现和验证的。

批判是反思的内在精神和动力，缺乏自我批判的反思是虚假的，因为不能面对自我的缺点和问题，而没有社会批判的反思是无力的。现在批判性反思已经为大家所共识，美国的斯蒂芬·D.布鲁克菲尔德（Stephen D. Brookfield）提出教师应该成为"批判反思型教师"，她指出教师不能是天真型的。所谓天真型，就是总以为自己对教学是真诚、尽力的，而结果却常导致失望和自责，要善于批判反思，善于从不同视角来观察我们的实践，考察我们是怎样思考和工作的，要批判性反思我们自己的教学、教育工作。

面对当今全球的风险时代，我们也必须采用批判性反思，积极地、深刻地认识、分析和反思我们现在的情况和各种问题。

从认识论的观点看，反思同一般说的批评或批判一样，没有要完全否定或打倒的意思。批判、反思本来是有冷静地再分析和再认识的含义，当然包括可以提出新的见解，没有诬蔑、讽刺被批判对象的含义。如康德写的《纯粹理性批判》，马克思和恩格斯写的《德意志意识形态批判》《哥达纲领批判》，郭沫若写的《十批判书》都是理论分析性的，对被批判者没有讽刺、诬蔑、侮辱和打击的意思。康德的《纯粹理性批判》中的批判，确切地说不是通常所说的批评，而是评判性的分析，除了在书的结尾指出"纯粹理性"的局限性外，并没有对它实行攻击，相反，他希望向读者指出"纯粹理性"的可能性。

但是，在我国，曾几何时，批判却有了另外的含义，它不仅是批评，而且是没有充分道理的、不允许辩论的全面否定、打倒甚至消灭的意思，如批判《武训传》，批判胡风，批判刘少奇，批判邓小平等。从拨乱反正（其实拨乱反正也是批判，也是反思）以后，这种不讲道理、只要彻底否定的批判才被改正。我们需要有合理的、讲道理的、有理论分析的批判，如批判僵化的社会体制、僵化的思想观念，以及现在人们对见利忘义、贫富差别悬殊的批判都是从希望事业完善和发展出发的批判，不能给这种批判戴"反社会主义"的帽子。本书中的批判，都是再审视、再认识或反思。社会的进步需要我们对过去的思想、人物、事件进行反思。如果有人写出对《通俗哲学简编》的批判，我亦求之不得。

我们该怎么做
——批判性思维

我们处在信息爆炸的时代，每天都会遇到很多新事实、新观念和新问题：金融危机、股票涨跌、各种灾难、暴力事件、国际关系，等等，报纸、杂志和网络上的各种信息真可以说是铺天盖地而来，种类又极其繁多，包括生活的、医疗的、体育的、影视的等，各种各样的说法、观点，我们怎样分析、认识？接受还是反对？例如对于"长江救人链"，在感动的同时，是否也会产生"自己不会水，应不应该到长江救人"的疑问；又如医生该不该收"红包"，自己应不应该送红包，也是很普遍的问题，而"人民币该不该升值"更是当今的重要问题，这些都要求我们作出反应。

全国教育工作会议明确提出，要培养学生的创新精神和实践能力的目标。怎样和在什么情况或条件下，才能达到和实现这样的培养目标？现在共同的认识就是要使我们的青年一代和未来的人们能具有良好的批判性思维能力，所谓批判性思维是对自己或别人的观点进行反思、提出质疑、弄清情况和进行独立分析的过程。面对各种问题既能分析、批判，又能清晰表达和正确实践。要具备富有理性、逻辑性和批判性地提出、思考、判断和解决问题的方法和能力。养成批判性思维能力和精神气质，对于应付复杂多变的世界，提升现代社会生活的人文精神，都是必要的，而且对于专业学习也非常重要。如前所述，人与人之间是有差异的，但实际上更主要的是表现在思维质量的差异上，而思维素质的高下，本质上不在于知识掌握的多少，而在于对辩证思维的能力的掌握和运用，或者用更全面的说法即批判性思维能力的差异。

西方对什么是批判性思维和如何培养有批判性思维能力的人才的研究已有百余年历史。美国哲学家、心理学家、教育家约翰·杜威（John Dewey，1859—1952）被公认为"现代批判性思维之父"。他当时提出了"反思"，并定义为：对自己的一种信仰或所偏爱的某种知识形式，从它们所依存的基础上和可能得出的结论上，进行积极的、持续的、仔细的审视。1941年，《沃森－格拉泽，批判性思维评估》一书的作者之一，爱德华·格拉泽（Edward Glaser）对批判性思维所包括的因素定义为：（1）对在人的经验范围内发生的问题进行深思的态度；（2）逻辑询问和推理方法的知识；（3）运用这些逻辑询问和推理方法的技能。第一条为态度，第二、三条为知识与技能。事实上，虽然西方学者对批判性思维的理解形式多样，但几乎所有的定义都是从认知能力和情感表达两方面来阐述的。

从认知能力的角度，格拉泽列出了12种批判性思维能力要素：（1）发现问题的能力；（2）找到可行的方法来解决这些问题的能力；（3）收集、汇集相关信息的能力；（4）找出问题中潜在的假设及价值的能力；（5）正确、明晰和有辨别力地理解和使用语言的能力；（6）分析数据的能力；（7）评估证据的能力；（8）发现各种命题、观点之间逻辑联系的能力；（9）得出普遍规律和结论的能力；（10）验证所得出的普遍规律和结论的能力；（11）根据更广泛的经验重建自己信仰模式的能力；（12）在日常生活中对特定事物施行正确判断的能力。

1990年，来自人文学科、自然科学、社会科学和教育领域的46位美国和加拿大专家发表了《批判性思维：一份专家一致同意的关于教育评估的目标和指示的声明》，文中提出批判性思维认知能力的核心为阐述、分析、评估、推论、解释和元认知六个方面。米歇尔·斯奎文（Michael Scriven）认为批判性思维就和读、写能力一样，是一种学术能力，而且有着同样的重要性。他将批判性思维看作是"对于观察、交流、获取信息和争论的熟练的、活跃的阐述和评价"。为了达到这种思维水平，思维必须符合某些标准，如清晰、中肯、合理。阐述即建构作出最好的选择，这是对复杂事件作出结论的必要前提；评价是决定事物价值、质量、优点的过程。可见，批判性思维关注的是对于事件的真实性、可能性或可靠性的判断。

1997年，莎伦·福瑞特（Sharon Ferrett）提出如下方案：（1）通过区别事实与意见或个人情感、判断与推论、演绎与归纳、主观与客观来回应思维对象和材料的能力；（2）提出问题、建构和认识论点的结构及充分支持某论点的能力；（3）识别问题、分析问题、想出解决问题的办法的能力；（4）分类、组织、分析材料和数据的能力；（5）将信息结合起来并发现其中关系的能力；（6）通过推论评价信息、材料和数据，从而获得合理结论的能力；（7）将理解和知识运用到新的和不同的问题中去，构造理性的和合理解释的能力；（8）吸收各种信息的能力；（9）注意不使自己已有的信仰对判断产生阻碍，保持对新信息、方法、文化系统、价值和信仰持开放态度的能力。

2004年，延安大学的武宏志教授撰文《何谓批判性思维》（《青海师专学报》"教育科学"，2004年第4期），总结批判性思维的特征是：勤学好问，信息灵通，信赖理智，胸怀宽广，适应性强，公正评价，诚实对待个人偏见，谨慎判断，乐于再三斟酌，头脑清醒，在复杂的事物中有条不紊，不懈查找相互信息，理性地选择判断标准，专注于研究，坚持不懈地寻求学科和探究的精确结果。

简而言之，批判性思维是能抓住要领，善于质疑辨析、善于严格推断、富于机智、有清晰敏捷的思维。而我认为恩尼斯（Robert Ennis，美国批判性思维运动的开拓者）在1991年对批判性思维的表述则更简洁明了，即"为决定相信什么或做什么而进行的合理的、反省的思维"。批判性思维的反面是盲目崇拜，轻易结论，不善于反思、总结经验、提出问题等。

怎样使我们培养出来的大学生能更好地服务于社会，能为社会的发展和科学创新作出更多的贡献，如何培养学生"形成好批判的娴熟的、合理的思维"一直是高等教育关注的基本问题。据介绍，自20世纪80年代开始，美国、英国、加拿大、澳大利亚、新西兰、菲律宾等许多国家都把培养学生具有"批判性思维"作为高等教育的目标之一。1998年在巴黎举行了世界高等教育会议，发表了《面向二十一世纪高等教育宣言：观念与行动》，其中第五条是：教育方式的革新：批判性思维和创造性。现在国外批判性思维课程已成为与逻辑导论并驾齐驱的基础课程之一，甚至是特类必修课，这两门课正好有很好的互补性。我国的部分大学也已经设立了批判性思维课程。

现在，我国不仅在大学设立了批判性思维课程，而且从小学就开始贯穿批判性思维的教学，甚至还有从幼儿园开始的。这实际上是有相当难度的，所以国外的教育家提出首先要培养教师有更高的思辨能力，要善于提出问题，如美国教育学家尼尔·布朗和斯图尔特·基利（Neil Browme 和 Stuart Keeley）撰写的专著《学会提问》已经出版了第八版。

批判性思维课程是一门基础性课程、工具性课程，是一门应用广泛性的课程。该课程系统讲授批判性思维的基本理论和方法，旨在培养学生的批判性思维意识，使学生掌握论证分析、论证重构、论证评估的基本理论和一般方法，培养学生追求清晰性、一致性、正当性和可靠性的思维习惯，以及独立自主和自我校正的思维技能，培养和提高学生发现问题、分析问题、解决问题的思维素质与能力。

培养和增强学生的批判性思维能力成为学校教育的最主要目标之一。批判性思维能力不仅是衡量本科教育是否成功的主要标准，也是研究生入学检测的主要目标。在今天，批判性思维课程的基本内容已经包括LAST（美国法学院入学资格考试）、MBA（工商管理硕士）、MPA（行政管理硕士）等专业技能测试的重要内容，同时也是我国国家公务员考试的重要组成部分。批判性思维课程与逻辑学课程相辅相成。

显然，培养学生尤其是大学生具有批判性思维是不容易的，它涉及许多方面，是教育要认真研究的。许多的教育家仍在不断地研究批判性思维的内涵和施教的方法。如主张使学生通过客观调查，斟酌证据，学会真诚看待事物，学会抛开个人中心。有教育家从自己的实践中归纳出培养学生的批判性思维的心智特征的教学方法：

第一，为学生提供他们自己发现、自己思考的机会，这有助于培养心智自立与智慧好奇；第二，引出学生的不同观点，并使之理解，这是同智慧勇气、智力共鸣和公平性的教学结合在一起的；第三，指出证据与根据，这是同智慧谦虚与智慧诚实的培养相关的；第四，确保探讨课题的时间，这是同智慧忍耐与对于推理的信赖相关的。

国内一些学者认为，可从以下途径培养学生批判性思维精神即批判性思维特质：第一，进行元认知训练，指导学生监控自己的学习过程。元认知是关于知识的知识，元认知监控是主体在进行认知活动的过程中将自己正在进行的认知活动作为意识的对象，不断对其进行自觉的监察、控制和调节。它的实质是人对认知活动的解悟和反思，是自我意识在人的活动中的体验，是认知主体对其认知活动的自我意识和自我调控。通过元认知训练，可以发挥促进学生培养自我意识、计划、组织和监控的作用。第二，提倡案例教学，鼓励学生参与。案例教学使学生主动学习，有利于批判性思维特质发展，其作用表现为：发展学生批判性倾听的能力，为学生提供发展和检验已经形成理论的机会，促进学生进行多向思维。提供开放的批判性思维的环境，激励学生勇于尝试探索问题；要求学生对问题进行调查，找出事实证据；教会学生客观看待事物，容纳多种意见，并进行多向思维等。鼓励学生追求真理，有开放性心灵、好奇心、独立思考的能力，自信、缜密判断、乐于计划，更要有乐于思考的愿望。

蝴蝶效应
——非线性思维

我们通常的思维大部分或基本上都是线性思维,犹如数学的线性方程式:$y=ax+b$,所谓线性思维,大致是认为被考察的诸因素间基本上有一种正比或反比关系,在认识上可说是"一分耕耘,一分收获",是常规思维。例如,国家的经济发展和国家政府的关系,按线性思维就是国家政府起作用或不起作用,作用大或小,由于线性思维是按逻辑规则和规定的秩序进行的,结论通常只有一个。但实际上首先是国家的性质、体制,国家的作用以及国家的领导权,甚至包括国家在世界中的地位乃至地理位置等许多因素在起作用,所以必然形成复杂的关系,这就必须用非线性思维,这样就没有简单的关系,结论也难是一个,就是有我们知道的"差之毫厘,谬以千里"的情况,或"一着不慎,满盘皆输"。

实际上世界的各种事物、各种现象在本质上都是非线性的,人们早就发现许多物理量之间的关系并不是线性的,在生命科学和社会科学中,非线性关系更是常见,例如粮食产量和所施肥料的数量间的关系、物价的波动等都是非线性的。

现代自然科学中有所谓"蝴蝶效应"的说法,说的是由于特定条件,亚马孙森林一只蝴蝶振动一下

> **蝴蝶效应**
>
> 对于一切复杂系统,在一定的"阈值条件"下,其长时期大范围的未来行为对初始条件数值的微小变动或偏差极为敏感,即初值稍有变动或偏差,将导致未来前景的巨大差异,这往往是难以预测的或者说带有一定的随机性。

翅膀，会在得克萨斯引起一场风暴。

"蝴蝶效应"（Butterfly Effect）的研究起源于美国麻省理工学院气象学家洛伦兹（E. Lorenz）1963年用计算机求解仿真地球大气的运动。他发现输入细微差异的初始值将导致极大的结果偏离，即出现"混沌"现象，这种现象被称为对初始条件的敏感依赖性。由于由计算机输出的结果很像张开翅膀的蝴蝶，所以洛伦兹将其称为"蝴蝶效应"。

1979年12月29日，洛伦兹在华盛顿的美国科学促进会的演讲中说："可预言一只蝴蝶在巴西轻拍翅膀，可以导致一个月后得克萨斯州的一场龙卷风吗？"使蝴蝶效应广为人知，也成为混沌学的经典。

实际上，蝴蝶效应只是一种计算机仿真现象，不同

★★★ 混 沌

混沌是指发生在确定性系统中的貌似随机的不规则运动，一个确定性理论描述的系统，其行为却表现为不确定性——不可重复、不可预测，这就是混沌现象。所谓复杂系统，是指非线性系统且在临界性条件下呈现混沌现象或混沌性行为的系统。非线性系统的动力学方程中含有非线性项，它是非线性系统内部多因素交叉耦合作用机制的数学描述。正是由于这种"诸多因素的交叉耦合作用机制"，才导致复杂系统的初值敏感性即蝴蝶效应，才导致复杂系统呈现混沌性行为。进一步研究表明，混沌是非线性动力系统的固有特性，是非线性系统普遍存在的现象。牛顿确定性理论能够完美处理的多为线性系统，而线性系统大多是由非线性系统简化来的。因此，在现实生活和实际工程技术问题中，混沌是无处不在的。

于真实的自然现象，大自然具有自在调节性和内在稳定性，否则引起的风暴岂不一个接一个？

而蝴蝶效应在社会科学中的意义似乎更值得关注，西方流传的一首民谣：

丢失一个钉子，坏了一只蹄铁；

坏了一只蹄铁，折了一匹战马；

折了一匹战马，伤了一位骑士；

伤了一位骑士，输了一场战斗；

输了一场战斗，亡了一个帝国。

人类社会的一个小麻烦如不及时治理，倒可能以蝴蝶效应的方式引发重大问题。

目前，非线性学及混沌学的研究方兴未艾，这标志人类对自然与社会现象的认识正在向更为深入复杂的阶段过渡与进化。虽然蝴蝶效应往往给人一种对未来行为不可预测的危机感，但我们考虑蝴蝶效应则使我们有可能"慎之毫厘，得之千里"，从而可能"驾驭混沌"，并能以小的代价换得未来的巨大成果。

线性思维经常被运用，但它是一种直线的、单向的、单维的、缺乏变化的思维方式，非线性思维则是相互连接的，非平面、立体化的，类似人的大脑神经和血管组织，非线性思维方式有助于拓展思路，看到事物的普遍联系，或许非线性思维更有利于发现事物的本质。

实际上，客观世界本来就是非线性的，无论是在自然科学还是社会科学中，非线性系统远比线性系统多。

随着社会尤其是科学技术的发展，现在对大多数事物和问题都很难用线性思维考虑和认识了。例如研究报考大学志愿，由于竞争激烈，就业困难，就不能用简单的线性思维，只认准大学的排名或某个专业，还必须考虑该大学的强项、师资的水平、专业的发展、毕业后的就业难度和工资待遇，还应该考虑本人的各种条件，等等。

再如对各种管理工作，由于情况始终处于复杂的动态变化中，管理者从管理情境获得信息也常是不同的，或多或少、或真或假、或清楚或不清楚，都会给管理过程、管理的因果关系带来不确定性，此时，管理者如果采用线性思维，不仅很难选取某一个目标，而且还很可能造成难以弥补的后患。所以，现在的一个明智的领导人一定要防微杜渐，看似一些极微小的事情却有可能造成严重后果。管理者必须要采用非线性管理思维，认真和充分地了解和收集多方信息，既要总览全局，又要眼观六路、耳听八方，防微杜渐，这无疑对管理者提出了更高的要求。

人体是一个开放的复杂系统，各子系统之间的关系是不可叠加的，是非线性的，医生治病必须学会把人看作复杂的精神和肉体的非线性体。医疗中的局部的、孤立的线性思维治疗方法就可能会做出不正确的诊断。"线性的"治疗方法，可能会引起负面的协同效应，在一个非线性的复杂的现实中，线性思维难免是危险的。我身边有一个例子，一位同事经透视拍片发现他颈部有一个圆形包块，多数医生认为是癌，必须做手术，并做了相应的准备，但一位老大夫却坚持认为是结核，并主张采用对症治疗。她对大家说："第一，我一个月前看过他的片子，包块大小没变，这不是癌的特征；第二，癌是一个生命体，要参与人体血液循环，现在没有发现这个现象。"结果证明它的确是结核。

实际上我国的中医药治疗疾病是持动态观念的，动态观念是辨证论治的灵魂，辨证论治认为患者因年龄、体质、季节，以及病变阶段等不同，病症的表现也有很大差异，因而在诊断时非常注意病症的随时变化，治疗时随病症变化而变化，实际上是相当复杂的非线性变量，从诊到治，到开出药方都是辨证的，都是按照非线性思维考虑的。这是多年来我自己接受中医治疗的亲身体会。

世界是多元的，所以人们的思维方式也必然和应该是二元的、多元的，而我们长期以来是采用和习惯于一元思维方式的，其突出特征是对事物采取非此即彼的判断，导致出现不少问题和偏差，强调服从、统一、个人崇拜，尤其在极左时代，更强调统一意志，万事都按一个人的意志办。

多元思维的特征主要表现为尊重事物的差别，追求有差别的同一而不是无差别的等同，它具有交流性、多样性、和谐性等特点。例如，按多元思维方式把人作为主体的现实，表现是以人为本，把所有的人、人的需要的满足及其满足程度等作为制定政策的依据和判断是非成败的最终标准，而不是以与天斗、与地斗、与人斗为乐趣。

应该说改革开放以来，尤其是批判了"两个凡是"和开展真理标准问题大讨论后，特别是邓小平南方谈话之后，我国逐渐实现思想解放，我国的领导和广大人民的思维方式都得到极大的转变，由一元思维方式逐步向多元思维方式、以人为本的思维方式转变，打开了解放思想或思想解放的大门，因而才取得改革 30 年来的巨大成就。

第十二章

从猿到人，人之初

——作为自然历史过程的社会发展

是什么因素、什么原因、什么动力使人类由原始社会过渡、发展到奴隶社会、封建社会、资本主义社会？这是一个什么样的过程？是不可理喻的过程，上帝安排的过程，还是只是心理过程、语言名称上改换用词的过程？都不是。社会是具体的，人们可以感受在社会生活中的住宅、街道、工厂，市场里的各种商品、汽车、农田、医院等。这些都是很现实的东西，不是人们头脑虚构出来的。这个过程是生产力发展的过程，生产力体现了人与自然的关系，是人适应、利用、改变自然的能力的过程，社会发展是一个在人与自然关系（即生产力）发展的基础上，生产关系（即社会制度）不断变化，人们的思想意识和政治制度等随之改变的客观过程。社会发展是一个客观的历史过程或自然历史过程，它既不是非自然的由上帝安排的过程，也不是由理性和思想决定的纯主观过程。

自然界也有它发展的历史过程，而从猿到人，人类的产生是自然发展的最高阶段（也可能还会更高），有了人，宇宙发展史就有了翻天覆地的改变，就有了人类遨游太空，就有了地下深处的采油、采矿，就有了农业、畜牧业和商业，就有了汽车、飞机、航天器和机器人的制造，一句话，才有了人类社会。社会发展是从猿到人后的必然。

开天辟地第一回
——关于历史观的起点

我们以往有的哲学教科书，通常是先讲辩证唯物主义再讲历史唯物主义，而历史唯物主义则或从社会存在与社会意识讲起，或从社会生产方式讲起，从生产力讲起，这种从辩证唯物主义延伸到历史唯物主义的讲法是有道理的。但是，它也有一点点可以讨论的缺陷，假定刚讲完辩证唯物主义就进入社会存在与社会意识，人类历史的出现就可能有些突然，好像社会是从天上掉下来的。如果科学的历史观的起点是从猿到人，因为有了人，人类为了生存自然而然要通过狩猎、畜牧和种植取得生活资料，就会很自然地引出生产力和生产力的发展过程，就很自然而然地理解社会发展也是一个自然历史过程，社会的产生和发展就没有任何神秘性。

致富有理
——发展是硬道理

马克思、恩格斯指出："我们首先应当确定一切人类生存的第一前提也是一切历史的第一个前提就是：人们为了能够'创造历史'，必须能够生活，首先就需要衣、食、住以及其他东西，因此第一个历史活动就是生产满足这些需要的资料，即生产物质生活本身。"

社会的存在和发展首先是有人类与生产力的关系。经济的发展、生产力的发展，其基本前提是人的劳动能创造出比自己的生活需要多一点的东西，或者说人能够创造出剩余产品，有无剩余劳动，剩余劳动采取什么形式，归谁占有，是理解社会性质、社会形态的关键。在远古时代，人们的劳动是不能提供剩余产品的，人们的劳动所得就是吃光用光，也就是说，在社会中没有剩余劳动和剩余劳动产品，在这样的条件下，对于人群争斗中被俘获的俘虏，只能把俘虏杀掉或吃掉，这就是原始公社制度、原始共产主义社会的情况——原始社会不是人类生存的黄金时代。

　　随着生产的进步开始有了剩余产品，原始社会的一些公共事务管理者和原始战争的胜利者利用手中权力占有了人们的剩余产品，成为奴隶主，一些贫民和战争俘虏被剥夺成为奴隶，就有了奴隶社会。尔后又转变为封建社会、资本主义社会，在资本主义社会，就是资产阶级占有工人的剩余劳动（剩余价值）。

　　在社会主义条件下，工人农民的劳动除自己消费（如表现为工分或工资）也有剩余，这种剩余主要表现为社会主义的国有资产，因此，发展生产、发展经济，增加国有资产，增强国力是社会主义国家的根本任务，因为生产力是社会进步的基本保障和最终决定力量。

　　马克思指出："任何一个民族，如果停止劳动，不用说一年，就是几个星期，也要灭亡。"这是最基本，也是最容易理解的道理。

　　但是，我们对于在社会主义时期的主要任务并不总是很明确的，在强调"以阶级斗争为纲"的年代，我们曾经把搞阶级斗争、搞政治运动作为首要任务，实质上把阶级斗争看成硬道理，认为马克思主义的道理千头万绪，归根到底就是一句话："造反有理。"在拨乱反正和要实现建设小康生活的年代，我们又有了新的道理——共同富裕和致富有理。其实，社会的发展就是生产力不断提高、社会物质财富更加丰富的历史，是人类生活一代比一代富裕的历史，我们不能离开生产力的发展空谈社会，空谈发展，空谈社会主义。在社会生活中，一切问题的解决都取决于生产力的提高。

现在全人类全世界都在发展，都要从传统的农业社会向现代化工业社会发展，而且都在努力发展、快速发展，根本目的或结果就是提高民众的生活水平、健康水平，提高人类的物质享受、文化享受。

邓小平提出"发展才是硬道理"是在粉碎"四人帮"后，在这个特殊历史背景下针对我国当时的国情和以后的发展提出的。这是对我国社会主义建设经验教训和社会主义主要矛盾进行科学分析所得出的最重要的结论，是解决当代我国一切问题的关键。我国最大的进步就是抛弃了"以阶级斗争为纲"，把发展经济、发展生产力、社会发展作为第一要务，科学发展观的第一要义是发展。马克思、恩格斯指出："物质生活的生产方式制约着整个社会生活、政治生活和精神生活的过程。"有什么样的物质生产实践便会有什么样的社会生活，从而也就会有什么样的社会结构、政治结构和思想文化结构及其发展的状况。物质生产实践是社会发展的根本的决定力量。

我国是社会主义国家，我们的最终目标是达到物质极大丰富的共产主义社会，而我们现在还处于社会主义初级阶段，初级阶段就是生产力不发达的阶段。我们必须清醒地看到我国是一个经济大国，但还不是一个经济强国。我们必须清醒地看到我国人口众多，各种资源包括水资源并不富裕，经济发展很不平衡，我们决不能掉以轻心、高枕无忧。

国家的统一和独立、领土的安全和完整、国防力量的壮大、民族的尊严、科学技术的进步都以经济发展和经济实力为基础。我国在历史上的耻辱（如被迫签订不平等条约），主要根源是经济不发达，有人曾说过"弱国无外交"，此话是至理名言。经济发展了，工业、农业和国防现代化了，我们在世界上才有相当的地位和影响，我们的各级领导在国内外的讲话就会得到重视。回顾以往，华人在外国人面前会感到自卑，新中国成立后特别是改革开放后，由于经济发展、国力强盛，做一个中国人会感到自豪和光荣。

发展是硬道理。我们当然理解这里所说的发展首先是生产力的发展，说它是硬道理，首先是因为发展生产是最基本的道理，是最需要的。可以理解为经济的发展不是可有可无的，不是可多可少的，不是可急可缓的，不是可以讨价还价的弹性命题或弹性任务，而是肯定必须、不能回避的。"发展是硬道理"是说，如果我国不发展就要贫穷、落后、挨打，甚至是危险的，因此我国必须发展，这种必须性有客观的强制性，也就是硬道理的"硬"。

社会主义的本质是解放生产力、发展生产力、消灭剥削、消除两极分化，最终达到共同富裕。进一步理解邓小平所强调的"发展才是硬道理"，其"硬"是体现在一系列基本的、丰富的内涵上，科学发展观的核心是"以人为本"，加快弱势群体、落后地区的发展，紧缺行业的发展，要尽快使我国达到基本小康；为了使我国尽快脱贫致富，必须突破把计划经济当作社会主义本质特征的传统观念，通过改革开放，发展和完善我国社会主义市场经济体制、社会主义民主政治体制。通过发展进一步缩小我国和世界先进水平的差距，必须坚持以经济建设为中心，把发展生产力作为根本任务，把实现社会主义现代化作为根本目标，等等，这些都是硬道理。总起来说，就是把对建设中国特色社会主义的认识提高到新的科学水平。

根据世界的发展，我们要尽快实现工业化，大力推进信息化和加速建设现代化。我们必须以这样的速度发展。实践表明，经济发展是根本性的道理，也是受人民群众欢迎和拥护的道理。

总之，生产力的发展，经济的发展，是根本。生产力发展了，社会的生产关系才会巩固，社会生产关系基础上建立的上层建筑（国家、军队、法律、道德等）才强而有力。经济发展了，社会风气逐步好转，腐败现象也能逐步减少。

人是万物的尺度
——以人为本

有了人类，就有社会，最早的社会并不是平等的、和谐的社会，在那里，占人口少数的农奴主、封建主剥削、压迫广大农奴、贫雇农，奴隶、贫雇农不是人，只是农奴主、封建主攫取财富的手段，是会说话的工具，相当多数的奴隶、贫雇农也认为自己不是一般的人，而只是为主人出劳力或卖命的"受苦人"。在远古时代，没有也不可能有以人为本，没有人本主义，只有神权主义或者叫神本主义。

西方在中世纪是宗教神权、教会统治。认为神是至高无上的存在，是主宰世界的，人是神的附属，人本身是卑贱的，人要一切为了神灵，一切依靠神灵，一切听从神灵。教会有至高无上的权力，甚至可以对一切反对宗教的人治以死罪。

人文学是欧洲文艺复兴时期主张的以人为中心与宗教神学相对立的人生观，提倡人的尊严和价值，歌颂人的智慧和力量，赞美人性的完美和高尚，主张个人解放和自由平等，反对教会的精神专政，要求人们把眼光由神转向人，从天堂转向尘世。到了近代资本主义产生，特别是宗教改革以后，才有人提出了人文主义思想，人文主义现在也称为人本主义。人本主义是现代西方哲学中影响最大的思潮,随着资本主义社会的发展,西方人本主义也从古典人本主义演变到现代人本主义,派别林立。而人本主义的始祖则是公元前 5 世纪的感觉主义者普罗泰戈拉(Protagoras,前 490—前 421,古希腊哲学家)针对当时的奴隶主贵族的奴隶主义提出的著名的哲学论断:"人是万物的尺度,是存在的事物的惊讶,也是不存在的事物不存在的尺度。"它充溢着以人为本精神的哲理。

应该说早在公元前 685 年以人为本的思想就由我国的政治家、思想家、军事家管仲(约前 723—前 645,名夷吾,字仲,史称管子,今安徽颍上人)提出了。身为宰相的管仲对齐桓公说:"君人者以百姓为天,百姓与之则安,辅之则强,非之则危,背之则亡","霸王之所给也以人为本,本治则国强,被乱则国危""政之所行,在顺民心,政之所废,在逆民心"。大约记载前 841 年至前 682 年历史的《尚书》说"民为邦本,本固邦宁"。持民本思想的孟子(前 372—前 289,名轲,字子舆,战国时鲁国人,我国古代的思想家、教育家,儒家的代表人物,仅次于孔子的儒家宗师)主张"仁政",说:"民为贵,社稷次之,君为轻""得天下有道,得其民,斯得天下矣,得其民有道,得民心,斯得民矣,得其心有道,所欲与之聚之,所恶勿施尔矣"。孟子有许多论述君、臣和人民的关系的语句,如"唯仁者宜在高位,不仁而在高位,是播恶于众也"。而所谓"得民心者得天下,失民心者失天下""民可载舟,亦可覆舟"一直是我国众人皆知的古训。

以人为本是马克思主义哲学的基本原理或道理,马克思在哲学史上实现了一次历史性的突破:在历史上第一次真正置人于"本"(根本、本源)的地位,西方的人本主义包括著名的人本唯物主义者费尔巴哈都是用生物学的自然主义眼光来看人,于是或陷入对人性的抽象理解，或仅把人看成是感性的存在物，马克思主义哲学不仅为现实世界找到了真正的人本基础，而且还对人、人性作了科学的解说，指出"人在创造社会的物质财富和精神财富的同时，创造了社会的交往关系，包括物质的交往关系和精神的交往关系，也就创造了人的社会，而所谓社会就是人的本质在历史活动中的对象化。人在自己创造社会中，即社会关系中所表现出来的属性，就是所谓的人性"。

人是唯一以社会性为自己基础和根本特色的存在物，人是社会的人，社会是人的社会，社会生产人，人生产社会，人是社会的主体。

实践是包括人在内的全部世界的根基所在，实践是人的实践，人是实践的主体，没有作为生命个体和生命需求而存在的人，也就不会有人的实践。实践的发展也就是人自身的本质力量的发展。马克思说"整个所谓世界历史不外是人通过人的劳动而诞生的过程，是自然界对人说来的生成过程"。对一切时代、一切社会来说，在这个意义上"以人为本"是对世界本质的正确认识和如实反映，对于现实世界来说，人是最高的存在，而对于人来说，实践和感性活动是本，没有实践就不会生成人，因而也就不会有现实的世界。正如马克思所说："这种活动、这种连续不断的感性劳动和创造、这种生产，正是整个现存的感性世界的基础。"

我国从提出"以人为本"后，也引起国内社会尤其是哲学界对人本主义的热烈讨论，中心是区分西方的人本主义和马克思哲学的以人为本，比较集中的看法是：

1. 西方的人本主义抹杀人的社会性，把人的自然属性当作人的本质，脱离社会的历史去孤立地考察人，而不是从人们现实的社会关系中来考察人，将人从社会关系中剥离开来，完全抽去了人的社会历史特质。他们所讲的人，是脱离了历史条件和社会关系的纯粹的生物学个体，这样的人在现实生活中是根本不存在的。以此为出发点，是不可能真正把握人的本质的。脱离社会基础的人本主义必然是虚幻的、唯心主义的，也必然不可能实现全人类的幸福。

2. 西方人本主义关注的是个人的解放和发展，在本质上是属于资产阶级的一种个人主义的历史观。他们讲的人的发展，并不是为了所有人的发展，不是为了实现广大人民群众的利益，而是为了一部分人（主要是统治阶级）自身的发展。他们认为，人是最高的价值主体，人本身就是目的，而社会不过是达到个人目的的手段。这种价值观实质上是个人主义的价值观。

3. 西方人本主义从它的产生、发展来看，虽然在客观上会对实践产生影响，甚至还出现了一些涉及社会实践的人本主义观点和理论，但它终究不是行为的指南，而只不过是人们对人本身、人与其他事物和社会现象之间关系等问题的理论探讨，是一种思想、观点、理论思潮。他们以为，产生种种问题的原因在于人本身的特性，在于科学技术或物质文明的发展，所以找不到实现人的发展的根本途径。

对"以人为本"和"以民为本"问题的探讨存在着一些争论。有人认为二者有原则的区别，首先认为"以民为本"的民本思想实质是君本或官本，是为了维护历代王朝的统治，而不是为了广大老百姓，不是以人民为本；而我们现在提出的以人为本是中国共产党立党为公、执政为民的执政宗旨，是实现马克思主义的最终实现全人类的彻底解放的终极目标。

本书为通俗哲学，又是简编，就不在这里详细讨论了，只在以下简述我对我们的以人为本的理解。

其实，"以人为本"并不是什么新的提法或新的要求，我们是无产阶级的共产党领导下的社会主义国家，共产党的立党宗旨就是立党为公、执政为民、全心全意为人民服务，这是我们的建党宗旨，但现在为什么又提出"以人为本"并着重强调呢？或许可以从以下两方面来理解：

1. 对过去实际情况的反思，在"以阶级斗争为纲"的极左思想占主导的时期，没有民主，很难落实"以人为本"；相反，却有不少违反人权和人性的现象存在，例如与党的宗旨相违背的"当官做老爷"的官僚主义滋生和泛滥；强迫命令的工作作风相当严重，实行人治，缺乏法制，不尊重人、不重视人权，等等。

2. 深入领会和理解始终关注把人作为研究对象的马克思主义哲学，认真落实科学发展观。坚持以人为本，就是要以实现人的全面发展为目标，从人民群众的根本利益出发谈发展，促发展，不断满足人民群众日益增长的物质文化需要，切实保障人民群众的经济、政治和文化权益，让发展的成果惠及全体人民。尊重人民主体地位，发挥人民首创精神，保障人民各项权益，促进人的全面发展。

如果说真有马克思主义的人本主义（我以为可以有，当然也有哲学界的权威认为不可以把马克思主义与人本主义联系起来），它也要求尊重个性，尊重个人，就是要尊重人的生存权（包括生育权）、发言权、知情权等。

首先，这里的"以人为本"的"人"，是指人民群众。在当代中国，就是以工人、农民、知识分子等劳动者为主体，包括机关、商贸、社会各阶层人民在内的中国最广大人民。

"人"具有多重含义，人在哲学中具有为"本"的意义，人是哲学的逻辑起点和目的，是本体论之本；人是价值的主体，是最高价值，是价值论之根本；实践之人是马克思主义哲学的根本，把人当作世界的本真和最高的存在。以人为本的"本"，就是本源、根本，就是出发点、落脚点，就是最广大人民的根本利益。

马克思主义哲学认为，人是现实的、社会的人，在马克思哲学视野中"以人为本"的"人"是现实的人，是全体社会成员，人是社会生活中最高的存在。人的问题在实质上是人和社会的关系问题，所谓人的价值就是人在社会生活中的价值或意义。科学发展观是把社会、国家作为集体的单元，在这个大框架下充分发挥个人权利与能力，把促进社会公平和正义作为重要的目标，坚持人人平等原则，把尊重个人权利与能力等观念作为主流价值观。

"本"还有终极追求之意，就这一点来说，"以人为本"是人的全面发展的理想目标的基础。马克思主义哲学是无产阶级的哲学，其核心就是实现共产主义，全人类从"必然王国"达到"自由王国"，求得"全人类的彻底解放"，达到全人类的平等。人的全面发展和自由个性是马克思人学思想的最高追求。

人是一切发展的关键，世界各国之间的竞争归根到底是人才的竞争。没有现代化素质的人，就不可能有真正的现代化。目前各国都在实施人才发展战略，对于发展中的中国，人才问题尤为迫切。

人类真正实现自由和全面发展这一宏伟目标是一个漫长的过程，物质资料极为发达的共产主义时代终将变成现实。现在我国虽然还处于社会主义初级阶段，但我们的目标是走向社会主义高级阶段，走向共产主义。其实质就是彻底实现"以人为本"的终极目标。正如《共产党宣言》中所明确规定的，未来的共产主义社会将是一个"自由人的联合体"，而坚持以人为本的科学发展观的最终目标是促进社会和人的全面发展，就是把尊重人、解放人、依靠人、为了人和塑造人作为价值取向和价值目标。它不仅要实现人的个性发展，而且要实现社会全体成员的全面解放和全面发展。

以人为本，是对一个政党、一个国家来说的，以人为本是共产党和社会主义国家存在与一切工作的基础、根基，而且严格地说，人性、人权不是谁给予人的，不是哪个政党给予人民群众的，而是人、人民群众自己具有的、应该有的。中国改革开放以来胡耀邦首先举起人学批判的旗帜，平反冤假错案，恢复人的价值和尊严，从思想上彻底否定"文化大革命"对人的侮辱和摧残。邓小平批判了"四人帮"散布的贫穷社会主义的谬论，指出："贫穷不是社会主义，社会主义要消灭贫穷。不发展生产力，不提高人民的生活水平，不能说是符合社会主义的。"

中国由于历史和现实等多方面原因，人的全面发展问题或许说才刚刚起步，"以人为本"是人的全面发展的思想基础。当前我国正把主要精力集中解决民生问题，这是为人的全面发展奠定坚实的基础。

以人为本的科学发展观，摒弃了单纯追求经济增长的传统发展观，把人视为工具和手段的物本主义倾向，从人的现实需要和长远需要出发，将人的发展置于发展的核心地位，把人的发展视为发展的本质、目的、动力和标志。科学发展观把人的发展作为发展的根本目的和最终目标，在发展中坚持一切以人为本位，以人为核心，以人为目的，依靠人民发展，发展为了人民，不断满足人民群众日益增长的物质文化需要，充分体现了党全心全意为人民服务的根本宗旨。

说明了马克思主义的以人为本，还可以总的说，人和以人为本是需要从历史上讨论和研究的，我们一些人曾经认为，资产阶级学者（如费尔巴哈）才讨论人本主义，马克思主义则要讨论阶级斗争学说。记得新中国成立初，我国曾有研究者写过《人性论》这样的著作，结果是受到批评、批判。例如，对人道主义，为什么必须加上政治性的定语，为什么只有我们的医院救死扶伤是人道主义，而美国、英国或日本的医院就不救死扶伤？或虽也救死扶伤但不是人道主义？其实，马克思也有对人道主义的论述，也有人认为，年青时代的马克思、恩格斯经历过从民主主义转变为空想社会主义的过程，1842年前后，他们在哲学上从唯心主义转向唯物主义，但这种唯物主义只限于自然观，在历史观上仍然是唯心主义者，即人道主义者，而后他们的理论不再停留在人道主义，但他们反对的、抛弃的只是人道主义历史观，而不是处理社会生活和人际关系的人道主义原则或人道原则。马克思主义也研究人的问题，讨论人的本性、人的权利和义务，探讨社会管理者同人民勤务员的关系。要实现以人为本的理念，就必须充分发扬民主，充分尊重人民的各种权利，包括话语权，允许人民发表自己的意见和观点，发展并完善中国共产党领导的多党合作和政治协商制度，认真贯彻"长期共存、互相监督、肝胆相照、荣辱与共"的基本方针，创建宽松稳定、团结和谐的政治环境。

让我们的世界永远健康
——可持续发展

我们已经很久没听到"永远健康"的提法了，今天，我们要说，让我们的地球"永远健康"，因为今天她已经负担过重，伤痕累累，不堪重负了。人类的持续发展是在自然环境的健康基础上实现的。我们要保护自然环境，让社会持续或永续发展，也许，现代的历史唯物主义需要既讲人类利用自然、依靠自然，也讲人类对自然的保护。

社会生产力是人们适应、利用、改变自然的过程，发展经济当然要利用自然界的资源和能源，改变自然环境，但是人们又不能只是利用自然，还必须保护自然环境，保护自然。所谓可持续发展（在港台地区又译为"永续发展")是英文 sustainable development 的中译文，从实质到字面，都有可忍受、可支撑或可容忍的发展的意思，也就是说，这种发展必须是以下两点的合取。首先，这种发展应该满足当代人的需求；其次，这种发展应该不损害并保护我们后代的利益，或者说，要给我们的后代留下他们满足自己需求的可能和余地，缺少其中的任何一方面，就不是可持续发展或可容忍的发展，或者虽然是发展，但不可容忍。如果人们不保护地球环境，把自己这代有的资源和能源都消耗得干干净净，后代人还有什么？社会还怎么持续发展？既满足当代人需要，又不对后代人满足其需要的能力构成危害的发展才是可容忍的发展。

人口、资源和环境是实现可持续发展的根本问题，这三方面又是相互联系的，在我国也是非常突出的问题。中国在不到全球 7% 的耕地上要解决占世界 22% 人口的吃饭问题；现在我国的森林和草原、水资源都遭到严重破坏，面临相当大的危机。所以在我国为了实现可持续发展所面临的形势是非常严峻的，一方面首要的任务是控制人口增长，严格执行计划生育政策，另一方面要制订和严格执行各项保护资源的政策。

为此，我们还必须改变或纠正、取缔强占土地、破坏土地的生态环境的做法，以及用大量材料兴建豪华宾馆与豪华住宅、豪华办公楼、豪华"形象工程"的行为，禁止捕杀野生动物，等等。以经济主义为导向的生产方式和消费方式是不可持续的。

要大力提倡节约。传统的节约是为了维持人们的生存，我们现在提倡节约则是人类寻求可持续发展的必然选择。处于消费时代的人们，基本生存需求已经得到满足，我们就应该考虑和必须考虑世界尤其是我国的可持续发展，要努力提高资源利用率，最大限度地节省资源、保护环境。节约的最大意义还在于增加资本，可以持续推动生产和扩大再生产，有助于增加财富和提高收入。

为了实现可持续发展、保护环境，需要继续发展和利用科学技术，如发展循环经济所需要的技术，再回收、再利用的技术，以及垃圾发电技术等。只看到技术的不合理应用会破坏环境，看不到治理环境也需要技术是不对的。我们应当认识到，科学技术的开发研制、技术创新，不仅能使企业在激烈竞争中生存下去，使一个国家摆脱危机，同时，对保证人类的可持续发展也是有非常重要的意义的。

为了实现可持续发展，我们也需要依靠科学技术节约资源、减少能源消耗，提高资源和能源的利用效率，减少浪费，保护自然环境。

总之，当代人对后代人是要负道德责任和道德义务的，我们虽然不能在月球上建立起很多贮存资源和能源的仓库供后代使用，但明确自己的道德责任还是可能和应该的，人是不能只顾自己的。可惜，我们这一代的某些人却难做到自律，他们吃子孙饭只顾自己，例如满足于高消费其实是高浪费，豪华奢侈，从这点看，要实现可持续发展，只解决理论认识问题、政策制定和落实问题还不够，还必须强调加强道德教育，反对自私的个人主义，抑制狭隘的个人利益，提高思想意识修养，是落实科学发展观的需要。不如此，也难以建设社会主义的资源节约型和环境友好型社会。

实际上，为了实现可持续发展还有许多理论和实践上的矛盾，包括实际上的困难，例如工业开发和节约能源的矛盾、增加生产和减少污染的矛盾等，对我们这样的发展中国家发展生产和保护环境的矛盾更大、更突出。

为了实现可持续发展，保护环境，从哲学上思考还有一些不确定因素和可以讨论的问题。例如，是否在人与人之间才有伦理关系，在人与无机物间、人与其他动植物间就没有伦理关系吗？所谓大地伦理学和生命伦理学能否成立，有时候，人可不可以杀死老虎？因为它（老虎）是受到法律保护的野生动物。

讲到可持续发展，处处涉及人类未来。前几年，曾听说有人在做"未来学"或未来问题研究，我当时还不以为然，不明白"未来研究"有什么特殊内容，这种研究有什么意义。确实，探讨可持续发展问题就是未来研究，《只有一个地球》（吉林人民出版社，1997年）、《增长的极限》（吉林人民出版社，1997年）和《我们共同的未来》等书可以说是关于未来研究的重要著作。我们确实需要认真地、细致地研究可持续发展的各个方面，不仅需要有论述可持续发展的经济学，而且还应该有可持续发展的社会学、伦理学，把它们纳入"未来学"，都是必要的。

从哲学上思考可持续发展，还有一些值得关心和讨论的问题，例如：

1. 人类中心主义和非人类中心主义

我们曾经听过一句名言：人不是大自然的奴隶，人要做大自然的主人或人是自然界的主人。后一种观点被认为是人类中心主义，也可以认为我们过去的口号"向地球开战"和"战天斗地"也属于人类中心主义。但是，反对人类中心主义、主张非人类中心的学者们也有他们的困难，他们否定在人类与自然环境上以人类为中心，又不明确提出在人类与自然界的关系上以自然界为中心，因而常常会说人类同自然环境是一个无中心的大系统，而无中心的系统又是令人费解的。

2. 关于"改造自然"

有一种观点认为，自然环境遭破坏都是人类改造自然造成的，为了保护环境，保持持续发展，就应当放弃改造自然的提法和行动。但是，完全抛弃改造自然的提法也不是没有困难，其前提是自然界对人类就是友好无害的，不需要人类去改造自然，只要求人类去顺应自然、适应自然和服从自然；也无法解释有自然灾害、害虫和害鸟的存在。当然地震、暴雨、干旱只是无利益倾向的纯自然现象，不是地球要惩罚人类的表现，然而，如果人类能控制和消除地震、暴雨和干旱，这样的改造自然为什么一定不可以呢？我们还要知道，田地不会自动给人类提供粮食，人们需要经过耕地、施肥，改变土壤的物理构成和化学成分等，才能播种、收获粮食。大山也不会自动给人类钢材，这里至少要有五至六次改变：（1）从地下将含有铁的矿石开采出来；（2）把岩石、矿石破碎得到细粉；（3）经过选别，使铁成分富集；（4）经过冶炼，把矿石变成铁水；（5）再经过加工（如精炼）把铁水改变成钢水；（6）经过轧制，把钢水改变成不同类型、不同尺寸的钢材。没有一系列的改变，就没有人类的吃、穿、住、行。我们或许可以有条件地把对自然的改变（而且是一系列的改变）叫做"改造自然"，只是不要自大到说人类征服自然，自然界是不能被制伏的，即使在技术和经济高度发达的国家，也很难完全避免靠天吃饭。

人类不改造自然是不能生存的，但又要保护自然，人类只能是积极地、千方百计地减少对自然的破坏和努力再造它、恢复它。

3. 关于"动物权利"

西方有所谓"生命伦理学"学说，主张人应该对一切有生命的对象讲道德，例如要保护动物，不杀死动物，实在需要杀生，也要使动物受到的痛苦减至最小。按动物保护主义的意见，人不仅不可以捕杀鲸，也不应该杀鸡、杀猪，甚至不应当打死苍蝇、蚊子和蟑螂。同样，极端的动物保护主义也不是没有困难，我曾问过著名的、虔诚的动物保护者：你为什么也吃肉？听到两种回答，一种说人类养了那么多猪，为什么不可以吃点猪肉？另一种说人也是动物，人不吃肉这种动物就难生存，从保护动物包括保护人考虑，人是可以吃肉的，这两种吃肉理论不是有点滑稽吗？

4. 关于"持续性"和"可持续"的概念

可持续发展中的"可持续"，严格说是可容许、可容忍的意思，是专门针对保护环境和满足下一代需求来说的，但人们又常常在可继续或可维持的含义上使用"可持续"一词，如一个人的可持续发展，一个工厂、公司或商店的可持续发展，我们不能说这种对可持续概念的泛用是完全错误绝对不允许的，只是我们要注意到泛用的可持续同严格意义的可持续是有区别的。

受联合国委托，成立了世界环境与发展委员会，1983年该委员会出版了《我们共同的未来》一书，明确了可持续发展的意义或含义，如前所述，sustainable development 从实质到字面，它都有可忍受、可支撑或可容忍的发展的意思，我们必须清楚这是一个特定的、狭义的用语，它是与生态、环境、人口、资源等问题密切相关的，可以说是专有名词。

5. 什么是对可持续发展负责的社会系统

实现可持续发展是相当困难的，可持续发展要以人为主体，而作为主体的人并非是抽象的人，也不是个体的人，而是社会的人，是人类社会，包括国家、政府、政党、企业家、各行各业的从业人员等，在现实的情况还是国际性的。

也就是说，这些社会系统要对可持续发展负责，具体的首先就是各国政府要对可持续发展负责，但各国政府又同时要对自己的国家负责，这里的矛盾就难免了。例如我们已经清楚地知道地球的石油已经不多了，可是石油输出国为了本国的生存和发展，却大量开采和出售自己国家的石油，加上政府的管理者都是任期制，不用说为后代着想，连为下届政府着想都没有。从事各种生产的企业家、工程师、科学家是在生产第一线的，更直接和资源、环境、生态有关，实际上起着制约可持续发展的作用；法律、教育等也影响、控制着人们对环境的影响。所以归根结底可持续发展的主要控制者主要是各国政府、市场、企业，但也和每个个人有关。这唯一的地球是我们大家的，需要我们大家共同努力维护它。

需要有个人英雄
——杰出人物的历史作用

关于人民群众和杰出人物对社会发展的作用一直是社会学研究的重点问题，按梁启超（1873—1929，字卓如、任甫，号任公、饮冰子，别署饮冰室主人，广东新会人，中国近代思想家、政治活动家、学者、政治评论家，戊戌变法领袖之一，清华大学国学院四大导师之一）20世纪初的说法："史界因果之劈头一大问题，则英雄造时势耶，时势造英雄耶？则所谓'历史为少数伟大人物之产儿'，'英雄传即历史'者，其说然耶否耶？"梁启超自己的回答是："余谓两说皆是也。英雄固能造时势，时势亦能造英雄。英雄与时势，二者如形影之相随，未尚少离。既有英雄，必有时势；既有时势，必有英雄。……故英雄之能事，以用时势为起点，以造时势为究竟。英雄与时势，互为因果，造因不断，斯结果不断。"

普列汉诺夫·格奥尔基·瓦连廷诺维奇（Plekhanov Georgii Valentlnovich, 1856—1918）在《论个人在历史上的作用问题》一书中写道："一个伟大人物之所以伟大，并不因为他的个人特点使各个伟大历史事实具有其个别的外貌,而是因为他自己所具备的特性使他自己最能致力于当时在一般和特殊原因影响下所发生的伟大社会需要。卡莱尔在其英雄人物的名著中,把伟人称呼为发起人,这个名称用得极其中肯。伟人确实是发起人,因为他的见识要比别人远些,他的愿望要比别人强烈些。他把先前的社会理性发展进程所提出的紧急科学任务拿来加以解决;他把先前的社会关系发展过程所引起的新的社会需要指明出来;他担负起满足这种需要的发起责任。他是个英雄,其所以是个英雄,并不是说他能阻止或改变客观自然事变进程,而是说他的活动是这个必然和不自觉进程的自觉自由表现。他的作用全在于此,他的力量全在于此。但这是种莫大的作用,是种极大的力量。"

马克思主义基本原理认为,历史是人民群众创造的,而杰出人物对社会发展起重大作用,二者是相辅相成的关系,社会上的杰出人物是时代的产物,是顺应时代的需要、为完成某种历史任务而产生的,因而在历史中起重要作用。

在社会活动中,常会有一些"自组织"现象。例如一群儿童,由于经常在一起玩耍、打闹、学习,不用多久,就会产生出一个孩子成为"孩子王";农民群众都反对地主阶级的剥削奴役,但只有少数反抗性强、有一定组织能力的一两个人(如陈胜、吴广)才成为农民运动和农民起义的领袖。

我们中华民族历来信奉与推崇"中庸之道",不推崇英雄主义,使我们的一些领导者和管理者更希望自己的部下是一些顺民,而不希望出现所谓冒尖的人物。但历史告诉我们,无论是国家还是企业,鼎盛时期都是由英雄所开创的。事实表明,英雄虽然不能完全主宰历史,但是英雄对于历史的发展起到了至关重要的作用。正如前面所述,勇敢、标新立异、大胆创新、自信强不从众、更多的逆向思维等，常常是个人英雄的特征，在企业、团队遇到困难时，他们往往能起到挽救企业、团队的作用。拿破仑的名言说得好："一头狮子率领的一群绵羊，可以打败一只绵羊率领的一群狮子。"

在科学技术史上，有许多以个人姓名命名的发现和理论，如牛顿力学、普朗克量子论、爱因斯坦相对论、道尔顿原子论、欧姆定律等。所谓发现，是指人找到了前人并不知道而是对世界原本存在的事物（如100年前的光电效应和天然放射性元素）及与这些事物相关的概念和原理，由于它们对于人类的进步有很大的甚至是划时代的作用，人们为了感谢和纪念他们的伟大贡献，而将他们的理论或发明冠以他们的名字。由于提出和建立这些概念和原理要花费许多脑力，有人（如爱因斯坦）也把提出和建立前所未有的新概念和理论原理称作智能的发明。例如约翰·道尔顿确立的科学原子论使当时的一些化学基本定律得到了统一解释，并对当时人们了解的各种化学变化资料进行了一次大综合、大整理，为化学界广泛接受和重视，有力地推动了化学的发展。正如恩格斯所指出的："化学新时代是从原子论开始的，所以道尔顿应是近代化学之父。"道尔顿为了把自己毕生精力献给科学事业，终生未婚，在穷困条件下从事科学研究，甚至把自己的养老金都积蓄起来，奉献给曼彻斯特大学用作学生的奖学金。又如我们将我国的中医巨著《本草纲目》冠以李时珍（1518—1593，明代名医）的名字，是因为《本草纲目》最终编定完稿是李时珍倾注了毕生的精力和心血，为探求、校正已有药材及其描述、记载和寻找、发现新药材，踏遍了湖北、湖南、

道尔顿

J.道尔顿（1766—1844），英国化学家和物理学家。靠自学成才，对化学和物理学有多方面贡献。1803年提出了原子学说，为科学的原子理论奠定了基础。

江西、安徽、江苏、河南、河北、山东、福建、广东等地的山山水水，参考千家以上的古籍文献，历经千辛万苦，在近 30 年的时间里，前后三易其稿，才最终完成。又如为我们大家所熟悉的电学的基本定律，即欧姆定律，是欧姆（Georg Simon Ohm，1787—1854，德国物理学家）在极端困难的条件下经过多年研究发现的。而所谓发明，指人设计、制造出世界上本来没有的事物（如留声机、收音机），但前人并不知道。在技术发明上，大体上也多有个别人（如爱迪生）的名字，首先是由少数人发现或发明，而后才被其他人接受，我们要重视科学上集体的作用，但无法改变少数杰出人物有首要作用的事实。如果我们把欧姆定律不叫欧姆定律，而称第三电学定律，或者叫"电阻电流定律"，这样的电学就缺少科学发现史的背景而变得平淡无味。在社会认识上情况类似，我们认为有马克思主义、列宁主义、毛泽东思想和邓小平理论，是认为马克思、恩格斯、列宁、毛泽东和邓小平在理论创造上有不可替代的伟大创造。

在科学技术上人们只承认第一个、第一次的发现、发明有价值，首先做出发现和发明的人有许多权利，如话语权、署名权、获奖权和专利权，重复发现或重复发明是没有意义的，如果只是发现别人发现过的东西，发明别人发明过的事物，述说别人公开说过的话，是没有意义的，只会被认为是抄袭（抄袭也是盗窃，不过不是盗窃别人的实物，而是盗窃别人的研究成果和名誉）。我们在从事科学技术活动前，一定要看看前人发表、发现和发明过什么，以免徒劳。在科学技术上，发现和发明大多数情况是个别人首先完成的，不太可能多数人同时作出某种发现、发明，在认识上，多数人的意见未必是正确的，真理掌握在少数人手里的事实，无论在科学上，还是在政治上，例子都是不少的。我们必须要充分肯定人民群众是历史的创造者，也有必要肯定和发挥个人的特别是科学技术工作者的积极性、首创性。肯定杰出人物的历史作用，是对人民群众创造历史观点的必要补充。

在文化工作（如科学、文艺）中，尤其不要用"多数标准"来判断是非和好坏，一个报告、一个作品和一个演员，得到的鼓掌多，未必就是好报告、好作品或好演员。

我们需要有英雄人物，提倡创新必须鼓励和支持英雄主义。但是，我们又不要把一部历史就写成一系列杰出人物的传记，让人们在历史书籍中只看到帝、王、将、相，看不到人民群众，作为杰出人物如领导人物自己也要时刻不忘群众，不能离开人民群众的培养和支持。

最后要说，社会的发展是永远不会停滞和停顿的，在任何时代，人们决不会抛弃前人已经取得的科学技术成果和生产力发展的成果，而只会在前人已有成就基础上继续有所创新，生产力水平必然是一代比一代高，生产关系和社会形态也必然一代比一代好，在未来的某个时期，社会生产力一定会充分发展，社会产品一定会极大丰富，人们的思想觉悟一定会极大提高，社会公平一定会高度实现，产品按人民需要分配会成为可能，人类的生存环境一代比前一代更良好，对人类未来抱悲观失望情绪是没有根据的。

后 记

这本《通俗哲学简编》是我在三次脑中风发作（1992年首次发作，后两次复发）后勉力完成的。因为它写成于脑损伤后，书中有胡言乱语，或许就好理解了。我的老伴（东北大学资源与土木工程学院退休教授）是文稿的第一位读者、提意见者和修改整理者，不仅帮我完成了《医学·哲学杂谈》小册子，还帮我完成了本书。女儿陈晓为我用计算机打字提供了方便并帮助整理文稿。严格说这个文集是我们三人的作品，只不过文稿是我起草和定稿的，如果还有点可读、可取之处，自然要部分地归功于我。由于我患脑中风后至今尚未完全恢复正常，思维仍不够清晰，语言也不严密，《通俗哲学简编》必然有许多的缺点和错误，也自然由我主要负责。希望看到这本《通俗哲学简编》的同志能对它提出意见，有了这些意见，也许在将来的某一天，我能汲取这些意见，真的会写出一本说理性、通俗性更好，知识性、趣味性更强的通俗哲学的书出来。对我来说，写作是一种享受，一种快乐，但愿我今后会有更多的快乐。再说一句，东北大学陈凡教授、李兆友教授、罗玲玲教授、王键教授、陈红兵副教授，以及沈阳化工学院朱春艳教授看过本书书稿，提出了宝贵意见，在此一并向他们致谢。本书起草、修改和定稿基本上是在医院进行的，这时我的脑中风后遗症还未彻底痊愈，生活不能完全自理，起居行动和写作要靠陪护帮助，这期间给我做陪护的是李亚文女士和陶松兰女士，给我很多帮助,在此也要感谢她们。同时感谢继续给我治疗的东北大学医院住院部、中国医科大学一院干诊病房、辽宁省人民医院血管外科、汤岗子医院康复中心全体医护人员,鞍山双山医院王文弟主任医师和南通老年康复医院刘军主任医师,当然也要感谢在此期间所有帮助、关怀我的领导、学生、朋友。

2010 年 2 月 10 日于东北大学医院

修订补记

陈昌曙教授的《通俗哲学简编》一书自2010年4月出版后，社会各界反响强烈，并于2011年6月被中宣部、新闻出版总署评为第三届优秀通俗理论读物。2011年7月，被辽宁省新闻出版局评为辽宁省优秀图书一等奖。2012年4月，获第四届中华优秀出版物奖图书提名奖。

作者结合现代社会生活特别是现代科学技术的发展，对哲学原理进行了通俗阐释。尽管这部书出版至今已有15年，但作者思维之缜密、论证之严谨、叙述之简明、语言之生动、事例之鲜活，今天读来仍引人入胜，启迪心智。将此书修订再版，对于推动马克思主义科学理论的时代化大众化，更好地宣传普及哲学社会科学，无疑是大有益处的。让这部好书更广地流传下去，对广大读者特别是青少年更快更准确地理解马克思主义哲学基本原理，使他们正确地认识世界、认识人生，无疑是大有帮助的。

再版工作，主要是对第一版中随着时间推移已不适用的个别文字进行了校正。同时，对书中论及的重要人物、事件等以"贴士"的形式进行了解释，以方便读者理解本书内容。

再版修订校正和"贴士"撰写由金虎博士完成。

编者
2025年3月